Maurice Halbwachs
Soziale Morphologie

édition discours

Klassische und zeitgenössische Texte
der französischsprachigen Humanwissenschaften

Herausgegeben von Franz Schultheis
und Louis Pinto

Band 19

Maurice Halbwachs in der *édition discours*

Herausgegeben von Stephan Egger
und Franz Schultheis

Band 4

Maurice Halbwachs

Soziale Morphologie

Ausgewählte Schriften

Herusgegeben und aus dem
Französischen übersetzt von
Stephan Egger

UVK Verlagsgesellschaft mbH

Dieses Buch erscheint im Rahmen des Förderprogramms des französischen Außenministeriums, vertreten durch die Französische Botschaft in Berlin.

Cet ouvrage, publié dans le cadre du programme de participation à la publication, bénéficié du soutien du Ministère des Affaires Etrangères, représenté par le Service culturel de L'Ambassade de France à Berlin.

Die Deutsche Bibliothek – CIP-Einheitsaufnahme

Halbwachs, Maurice:
Soziale Morphologie : Ausgewählte Schriften / Maurice Halbwachs. Aus dem Franz. von Stephan Egger. – Konstanz : UVK-Verl.-Ges., 2002
(Edition discours ; Bd. 19)
ISBN 3-89669-892-3

ISSN 0943-9021
ISBN 978-3-89669-892-6

Einbandentwurf: Tina Koch, Konstanz
Printed in Germany

UVK Universitätsverlag Konstanz GmbH
Schützenstr. 24 · D-78462 Konstanz
Tel. 07531-9053-0 · Fax 07531 9053-98
www.uvk.de

Inhalt

Editorische Vorbemerkung

Mit dem hier vorliegenden dritten Band »Ausgewählter Schriften« führt uns Maurice Halbwachs in einen Bereich der »Wissenschaft von Menschen«, den er nicht als einziger, wohl aber mit einzigartiger gedanklicher Strenge erschlossen hat. Und selbst wenn nur ein kleiner Teil seiner dort angesiedelten Arbeiten in diese Auswahl eingehen konnte, dann bleibt doch auch sie so streng als irgend möglich: es handelt sich um eine Zusammenstellung entscheidender Abschnitte aus einer 1938 veröffentlichten Monographie, die Halbwachs als vorläufiges Ende der jahrzehntelangen Beschäftigung mit einem der wesentlichen »Stoffe« dieser Wissenschaft versteht – mit der materiellen Gestaltwerdung des Sozialen, einer »sozialen Morphologie«. Denn die erstaunliche Vielfalt des von Halbwachs hinterlassenen Werks, das sich über sämtliche Gebiete der damals noch jungen Soziologie erstreckt, sie dem neuen »Fach« oft erst im eigentlichen Sinne zueignet, wird doch zusammengehalten von einem bezwingenden epistemologischen Entwurf: daß sich alle Lebensäußerungen, alle Lebensvollzüge des Menschen, insofern sie ihn als Gattung gegenüber einer jeden anderen auszeichnen, immer kollektiver Natur sind, Tatbestände einer »kollektiven Psychologie«, gemeinsam verfaßter Vorstellungen, Haltungen und Neigungen, deren Prägekraft sich schließlich auch im Raum, in der Gestalt einer durch sie geordneten materiellen Welt ausspricht – die »soziale Morphologie« erkundet jenes Gelände, das die kollektive menschliche Arbeit in ihr sichtbar und greifbar zurückläßt.

Halbwachs nimmt mit diesen Arbeiten erneut eine Vorlage Durkheims auf, der die Soziologie mit zwei Arten von Tatbeständen befaßt sehen wollte: denen einer »kollektiven Psychologie«, den gesellschaftlichen Vorstellungen über die den Menschen umgebende Welt, und umgekehrt den Gegenständen der »sozialen Morphologie«, den Spuren, die der Mensch an der Welt, den »Größen«, die er in Raum und Zeit hinterläßt – es waren gerade dies jene Tatbestände, die Durkheim vor allen anderen »wie Dinge« zu behandeln nahegelegt hatte. Und obwohl schon bei Marcel Mauss die Umrisse einer solchen sozialen Morphologie sichtbar werden, ist es doch Halbwachs, der dann als erster eine schlüssige Ausarbeitung dieses Gedankenkreises liefert: tief eingebettet in die gleichsam materiellen Zustände, die Bewegung und Entwicklung von Bevölkerungen, in eine Morphologie im engeren Sinne, die allerdings von der »alten« Demographie schon dadurch abrückt, daß ihr Gegenstand und Anfangsgrund immer kollektive Repräsentationen bleiben, weist seine soziale Morphologie »im weiten Sinne« den Weg zu einer »Gestaltkunde« der Arbeit des gesellschaftlichen Menschen an der Welt – sie ist die eigentliche Leistung des Maurice Halbwachs. Seine hier versammelten Untersuchungen zur religiösen, politischen und ökonomischen Morphologie führen ebenso eindrücklich wie eine Morphologie der Großstadt diese Gestaltwerdung des Sozialen vor Augen, vor allem aber vermitteln sie uns ein Gespür für jene Dialektik, durch die, in dem Maße, wie der gesellschaftliche Mensch, wie die »kollektive Psychologie« solche Spuren in Raum und Zeit hinterläßt, eben diese morphologischen Tatbestände als kollektiv geprägte »Anschauungsformen«, als materielle Stütze des kollektiven Denkens, als dem sozialen Bewußtsein »unmittelbar Gegebenes«, unserer ganzes Leben durchdringen. Mit seiner sozialen Morphologie bahnt Maurice Halbwachs der »Wissenschaft vom Menschen« den Weg durch eines ihres ursprünglichsten Gebiete, und wer ihn dabei begleitet, wird auch heute noch frische Eindrücke gewinnen.

Der Herausgeber

Maurice Halbwachs

Soziale Morphologie

Ausgewählte Schriften

Was heißt soziale Morphologie?

Die alte Demographie, von der man einst als Bevölkerungsstatistik sprach, die Humangeographie, die Ökonomie, sofern sie die Entwicklung agrarischer und industrieller Gesellschaften verfolgt, sie alle haben Beiträge zum Verständnis dessen geleistet, wonach hier gefragt werden soll: nach den materiellen Strukturen menschlicher Gruppen und ganzer Bevölkerungen. Erstaunlich ist allerdings der Tatsache, daß dort die Begriffe immer noch ungeordnet, meist beziehungslos nebeneinander stehen, daß man kaum wahrgenommen hat, was doch die Einheit ihres gemeinsamen Gegenstandes bildet. Durkheim hatte dafür einen schärferen Blick, als er soziale Morphologie die Erforschung der materiellen Gestalt von Gesellschaften genannt wissen wollte, der Zahl und Art ihrer Gliederungen, ihrer räumlichen Verteilung, ihrer Wanderungsströme, die Anlage ihrer Ballungsgebiete, ihrer Städte und Siedlungen. Es mußte der Verfasser jener *Regeln der soziologischen Methode*, die nahelegten, soziale Realitäten »wie Dinge« zu behandeln, dem eine besondere Bedeutung beimessen, was an Gesellschaften geradezu von physischer Natur erschien: Ausdehnung, Anzahl, Dichte, Bewegung, also quantitative Erscheinungen, all das, was sich in irgendeiner Weise messen und zählen läßt. Und es ist diese Bestimmung des Gegenstandes, von der wir hier ausgehen.

Dabei wird schnell deutlich, daß wir es hier zunächst mit einer sozialen Morphologie im weiten Sinne zu tun haben: alle gesellschaftlichen Einrichtungen, Familie, Kirche, Staat, Unternehmen, besitzen materielle Formen. Doch solche morphologischen Tatbestände, wie sie sich im Rahmen einer je besonderen Soziologie zeigen, sind gleichzeitig in Tatbestände eingebunden, die von der Bevölkerung als ganze handeln, Gegenstand einer sozialen Morphologie *stricto sensu*. Diese aber sind – und darauf werden wir immer wieder bestehen – für sich zu untersuchen, unabhängig von allen anderen sozialen Tatsachen, als eine homogene, eigenständige Gesamtheit. Dennoch ist eine derart verstandene Bevölkerungslehre selbst Bestandteil, und ein wesentlicher Bestandteil, der Sozialwissenschaften: wir haben sie deshalb soziologisch zu betreiben. Sicher gibt es auch eine mathematische und biologische Demographie. Aber sie beziehen sich allein auf jene Aspekte der Realität, die sich der Anwendung bestimmter Methoden verdanken und weder deren Ganzes, noch, wie wir meinen, ihr Wesentliches erreichen. Wir versuchen stattdessen, hinter den Tatbeständen des Bevölkerungsverhaltens gesellschaftliche Ursachen ans Licht zu bringen, Tatbestände einer kollektiven Psychologie, die man bisher kaum wahrgenommen hat, ohne die allerdings kaum eine der fraglichen Erscheinungen für uns erklärbar wäre.

Das äußere Ansehen der Mineralien, der Aufbau geologischer Schichten, die Gestalt von Pflanzen und Tieren, die Beschaffenheit von Organen und Geweben: es gibt mannigfaltige Beispiele für morphologische Untersuchungen im Bereich der Naturwissenschaften. Aber auch von Erscheinungen der sozialen Welt spricht man als Formen, oft allerdings in einem sehr unbestimmten und metaphorischen Sinn. Es ist hier also etwas genauer zu fassen, was wir unter Strukturen oder Formen der Gesellschaft zu verstehen haben.

Sicher wird das zunächst die Art und Weise sein, wie eine Bevölkerung verteilt ist. Ein rein physischer Tatbestand, wie es scheint, der sich aus dem verfügbaren Raum und gewissen örtlichen Bedingungen ergibt. Die Gestalt der Gruppe wiederholte hier die Formen der materiellen Natur: eine Bevölkerung, auf einer Insel gedrängt, um einen See gelagert, in ein Tal gegossen. Ein städtisches Ballungsgebiet wirkt wie ein Haufen Materie, dessen Bestandteile meist von einer erkennbaren Mitte angezogen werden und mehr oder weniger klare Umrisse bilden. Im Vogelflug, von einem Flugzeug aus gesehen, wirkt es wie ein Auswuchs, eine zufällige Unebenheit des Geländes.

Und ebenso wird man als Struktur einer Bevölkerung ihre Zusammensetzung nach Geschlecht und Alter bezeichnen: diese Art von Unterschieden ist ähnlich spürbar wie materielle

Gebilde. Biologische Tatbestände also: die Gesellschaft läßt sich hier mit einem Lebewesen vergleichen, Männer und Frauen sind wie zwei lebende, sich ergänzende Gewebe, Altersgruppen stellen sich dar wie aufeinander folgende Entwicklungszustände von Zellen, eines Organs oder eines Körpers.

Nun betrachten wir hier aber nicht mehr die Gesellschaft in ihrem Verhältnis zu einem Gebiet. Menschliche Gesellschaften kommen nicht nur in Berührung mit der Materie, sie sind selbst lebende und dabei stoffliche Mengen. Wie könnte dies auch anders sein, besitzen sie doch, bestehend aus Lebewesen, die einen bestimmten Raum einnehmen, wie alle wahrnehmbaren Gegenstände Ausdehnung und Umfang, Gestalt und selbst eine Dichte. Diese großen kollektiven Körper können wachsen und sich zusammenziehen. Der Tod beraubt sie ständig eines Teiles ihrer Glieder und Geburten werden sie ersetzen.

Lassen wir nicht unerwähnt, daß sich diese kollektiven Körper bewegen. Hier ist gleichzeitig räumlichen Gegebenheiten und der Natur der Lebewesen Rechnung zu tragen. Manchmal verschieben sie sich im Ganzen: etwa Nomadenstämme oder in Marsch gesetzte Heere. Jedenfalls sind ihre Teile mehr oder weniger veränderlich: es gibt in diesen Gruppen innere Verschiebungen, Zuströme und Abwanderungen. All dies sind sicher strukturelle Tatbestände.

Was wir allerdings bislang beobachtet haben, ließe sich auch von anderen als menschlichen Gesellschaften sagen. Nicht nur ein Ameisenhaufen, sondern auch ein Schwarm von Fischen, ein Bienenvolk besitzen Eigenschaften dieser Art, sie besitzen Größe und Gestalt, lassen sich an bestimmten Plätzen ausmachen, können ihren Standort ändern und ihr Erscheinungsbild, ihre Mitglieder unterscheiden sich nach Alter und Geschlecht. Sprechen wir aber von Gesellschaften, deren Realität stattdessen in der moralischen Ordnung beheimatet ist. Es gibt sie in verhältnismäßig einfachen Gruppen, wie man sie vor allem in sogenannten primitiven Gesellschaften findet, aber auch bei uns: Sippen, Familien, alle größeren häuslichen Gemeinschaften.

Man kann die Struktur einer Familie untersuchen, selbst wenn sie verwickelt, auch mit anderen verwoben ist, selbst wenn ihr Sitz sich ändert. Sie läßt sich materiell darstellen, etwa in einem Schaubild der Verwandtschaftsbeziehungen, durch den Aufriß verschiedener Familienzweige und ihrer Verästelungen. Und es gibt sehr wohl eine räumliche Dimension der Familie: selbst wenn bestimmte Mitglieder sie verlassen und der Anziehungskraft anderer Gruppen ausgesetzt sind, besteht in ihnen fast immer gleichsam ein Kern, wie eine verdichtete Region, um die sich über die Zeit hinweg ein großer Teil ihrer Mitglieder versammelt und so mit ihr verbunden bleibt. Insbesondere hat jede Verwandtschaftsgruppe ihre räumliches Mitte, das Haus, das vom Ältesten bewohnt wird oder von einem Familienzweig, wo sich die Verwandten immer wieder zusammenfinden. Natürlich wird man andererseits und über diese örtliche Bestimmung, über ihre Ausdehnung hinaus auch auf die organische Natur der Familie aufmerksam machen. In der Tat läßt sie sich durch biologische Strukturen beschreiben, die auf Geschlecht und Alter beruhen, setzt sie doch zwischen ihren Mitgliedern vitale Beziehungen voraus. Das Wachstum einer Bevölkerung geht letztlich auf das stetige Wachstum jener ineinander geflochtenen Sippen und Stämme zurück, die Mitglieder oder Teile einer Bevölkerung sind.

Dennoch reichen Blutsverwandtschaft und räumliche Nähe nicht aus, um eine häusliche Gemeinschaft zu schöpfen, mit ihren Traditionen, ihrem Geist. Die Vielfalt der Verwandtschaftsbeziehungen, die unterschiedlichen Grade, die man im Rahmen des verwandtschaftlichen Zusammenhalts unterscheidet, versetzen uns auch in eine Welt der Vorstellungen und Gefühlszustände, die nichts Materielles mehr an sich haben. Alle diese Eigenschaften, Gestalt, Größe, Ort, der Lebensstrom, der von einem Menschenalter zum nächsten fließt, sie alle drücken nun eine ganz andere Wirklichkeit aus, eine Wirklichkeit der Gedanken, ein seelisches Leben, ein Ausdruck, der im Übrigen selbst seine eigene Wirklichkeit besitzt, der als solcher ins Bewußtsein rückt, das die Familie von sich gewinnt, in ihren Veränderungen und Entwicklungen, in ihrer ganzen Beschaffenheit.

Derart sind wir also von zunächst vor allem physisch und geographisch erscheinenden Formen der Gesellschaft – Ort, Ausdehnung, Dichte – zu ihren organischen und biometrischen Aspekten – Geschlecht und Alter – schließlich zu den Strukturen übergegangen, die den vorhergehenden entsprechen, aber von einem kollektiven Bewußtsein zusammengehalten werden, das wir in den ersten beiden Fällen kaum wahrgenommen, das wir dort zu unterstellen nicht für nötig befunden hätten. Ist dies nun aber alles, haben wir den Gehalt der kollektiven Morphologie damit erschöpft?

Der deutsche Soziologe Simmel hat als Beispiele für »soziale Formen« unter anderem das House of Lords, die Eastindian Company, Erbmonarchie, Büros, die Kirchen angeführt. Jede kollektive Institution ist in der Tat eine dem Gemeinschaftsleben eingeprägte Form, ein religiöser, politischer, ökonomischer Rahmen. Alles, was sich gleichzeitig fest umrissen und dauerhaft darstellt, ist im Gegensatz zum Unbestimmten und Veränderlichen dieser Art. Dennoch: wir können die Bedeutung des Wortes Formen – zumindest als Bezeichnung des Gegenstandes einer kollektiven Morphologie – nicht bis dorthin ausdehnen, wo sich die materiellen Formen von Gesellschaften mit den Institutionen des sozialen Lebens vermischen. Und das deshalb nicht, weil die Unterscheidung von Form und Funktion nicht klar und nicht scharf genug scheint, wenn man sie in die Wissenschaft menschlicher Gruppen und ihrer Ordnungsgefüge überträgt.

Vielmehr ist es so, daß wir, wenn es sich etwa um ein Industrieunternehmen handelt, um eine Wertpapierbörse, um ein Institution des politischen Lebens, wir von diesen Einrichtungen nur ein höchst abstraktes Blick besitzen, solange wir sie nicht in einen Teil des Raumes zurückversetzen und solange wir nicht der menschlichen Gruppen gewahr werden, die ihren Bestand sichern. Institutionen sind nicht einfach nur Gedankengebilde: sie müssen auf die Erde gebracht werden, ganz mit Stofflichem beschwert, menschlichem Stoff und unbelebtem Stoff, mit Lebewesen aus Fleisch und Blut, mit Bauwerken, Häusern, Plätzen, dem Gewicht des Raums. All diese Dinge gehören dazu, es sind Gestaltungen im Raum, die man beschreiben kann, zeichnen, messen und wägen, deren Teile man zählen, deren Ausrichtung, deren Veränderung man erkennen, deren Vergrößerung, deren Verkleinerung man sehen kann. In genau diesem Sinne besitzen dann alle Einrichtungen des sozialen Lebens auch materielle Formen.

Vergessen wir also nicht, daß all diese Formen, die wir angesprochen haben, nur deshalb unsere Aufmerksamkeit verdienen, weil sie aufs Engste mit einem gesellschaftlichen Leben verbunden sind, das allein aus Vorstellungen besteht. Auf dem *forum romanum*, als einem Platz mit seinen Versammlungshallen, Gerichtsgebäuden, seinen Standbildern, läßt sich der Ausschnitt eines sehr begrenzten Gebietes sehen und eine Anhäufung materieller Dinge. Das politische Leben, das sich dort entfaltete, versetzt uns aber in eine ganz andere Welt. Aber wie ließe sie sich in ihrer historischen Entwicklung und in ihren Abläufen außerhalb eines anderen Rahmens vorstellen? Alle Geschlechter Roms haben dort ihre Spuren hinterlassen, und alle haben sie ihn vor Augen gehabt, ihn sich vorgestellt.

Sehen wir uns die politischen oder ökonomischen Teilungen einer Gesellschaft an. Natürlich kann man ihre Grundlage in Gegebenheiten physischer Natur aufzufinden versuchen. Und dennoch sind sie nicht rein materieller Art. Zwischen ihnen und den Teilungen der materiellen Geographie besteht eben jener Unterschied, daß sie auf moralischen Einstellungen beruhen. Es ist das öffentliche Recht, es sind die ihm Unterworfenen, die sie verfügen. Wir fühlen, daß sie einen Zwang ausüben, der nicht allein materieller Natur ist. Menschen, menschliches Wollen lastet auf uns, stößt uns zurück, hält uns auf, wenn wir an ihre Grenzen kommen.

Pascal hat die Flüsse einmal laufende Wege genannt, weil er an die Menschen dachte, die sie nutzen. Und tatsächlich fühlen wir auf den Straßen dunkel die Gegenwart derer, die ihnen ihre Richtung gaben, Straßen über das flache Land, Gebirgspfade, in den Fels seit mehr als tausend Jahren eingeschlagen, römische, mittelalterliche Wege, gepflastert mit unregelmäßigen Steinen, moderne Verkehrsstraßen, deren Gefälle genau berechnet wurde: es scheint, als ob wir die Spuren derjenigen sähen, die sie zum ersten Mal betraten, die ihnen den Weg bahnten, als ob wir dort die Zeichen und Male jener Werkzeuge wiederfänden, mit denen man sie durchs Land getrieben hat. Und vor allem stellen wir uns jene vor, die dort vor uns gewandert sind, die, wie an unserer Seite, ihren Fuß darauf setzten.

Und so sind all diese materiellen Erscheinungen nie ohne jeden gesellschaftlichen Bezug. Sie drücken äußerlich die Entwicklung einer Gesellschaft aus, übersetzen ihre damaligen und heutigen Sitten und Bräuche. Wenn der Statistiker seine Blicke über eine Reihe von Zahlen wandern läßt, seien es nun Veränderungen des Barometers, des Hygrometers, dann erkennt er physische Tatbestände, deren Bedeutung sie selbst liefern, die sich selbst genügen. Wenn es sich nun aber um Bevölkerungstatbestände handelt? Die Zahlen verweisen uns auch hier auf eine physische, physiologische Wirklichkeit. Und wenn das, was man hier in ein Zahlenwerk bringt, Pflanzen oder Tiere sind, werden wir nicht weiter nachfragen müssen. Wenn es sich aber um menschliche Tatbestände handelt, sucht unser Denken sofort, jenseits dieser Menschen als räumlich gesellte Lebewesen, nach ihrer gemeinsamen Umgebung, nach der städtischen, ländlichen, der staatlichen Gruppe, und nach den Neigungen und Antrieben, die dort bestehen und sich in der Zahl der Einwohner, der Geburten, der Sterbefälle ausdrücken.

Wenn also nun diese materiellen Formen, wie es zunächst schien, von den Begrenzungen und Widerständen herrühren, die sich dem sozialen Leben aufgrund physischer und biologischer Umstände entgegensetzen, ist man zu denken versucht, daß dies nur ein hemmender, ein letztlich zu vernachlässigender Zug einer jeden Gesellschaft ist, ohne lebendige Verbindung zu ihr, der nur ihre Oberfläche betrifft. Es bleibt demnach zu zeigen, wie die morphologische Struktur von Gruppen – und nur sie – es uns bisweilen ermöglicht, deren inneren Zustände und Wandlungen, ihre Einrichtungen, Sitten und Lebensweisen zu beschreiben. Denn alles geht hier so vonstatten, als ob die Gesellschaft ein Bewußtsein ihres Körpers erlangte, seiner Lage im Raum, und ihr Ordnungsgefüge den Möglichkeiten anpaßte, derer sie so gewahr würde. Die soziale Morphologie geht zunächst aus von materiellen Erscheinungen. Tatsächlich aber ist dies für sie aber nur der Beginn ihrer Wegstrecke: über diesen schmalen Pfad dringen wir ins Herz der gesellschaftlichen Wirklichkeit selbst vor.

Halten wir uns hier an zwei Beispiele aus den Arbeiten der französischen Schule der Soziologie. Zunächst das Phänomen der Arbeitsteilung. Durkheim hatte sich damals gefragt, wie sie in unseren Gesellschaften nur aufgrund der Einsicht in ihre Vorzüge hätte entstehen können, ohne daß zuvor je Erfahrungen mit ihr gesammelt worden wären. Halten wir uns an die Struktur von Gruppen und ihre Veränderungen, also an das, was an ihnen gleichzeitig am offenkundigsten und einfachsten scheint. Unterstellen wird, daß mehrere Sippen oder Stämme, die bis dahin verstreut gelebt hatten, sich zusammenschließen und eine einzige Gesellschaft verfassen, gefügt allerdings aus mehreren verhältnismäßig selbständigen Teile. Weil sie aber nun Teile des selben Körpers sind, fließen die Blutströme von einem zum anderen, durch all seine Glieder, so daß hier schließlich alles Trennende verschwindet und seine Teile ein Ganzes bilden. Es sind dies einfache Veränderungen der materiellen Struktur. Welches werden ihre Folgen sein?

Bis hierher war das Hindernis für die Arbeitsteilung ein zweifaches. In einer kleinen Gruppe von Menschen ist die natürliche Verschiedenheit der Gaben begrenzt, gleichzeitig die Vielfalt der Neigungen und Bedürfnisse nicht so ausgeprägt, daß dort eine hinreichende Nachfrage nach den unterschiedlichsten Gütern entstünde. Bilden wir nun aber aus zwei oder mehreren Gruppen eine einzige, derart, daß eine größere Zahl von Menschen miteinander in Beziehung treten: es werden hier vermehrte Wahlmöglichkeiten entstehen und eine fortgeschrittenere Arbeitsteilung. In einer größeren Gruppe steigt die Wahrscheinlichkeit der Heranbildung jener notwendigen Eigenschaften, die einen Feinmechaniker auszeichnen, einen Kunsthandwerker, einen Künstler, Schauspieler, Beamten, Politiker. Umgekehrt antworten auf deren besondere Erzeugnisse, deren unterschiedliche Dienste die Wünsche einer ebenso breit gefächerten Kundschaft: in einer vielfältigeren Öffentlichkeit mit Menschen unterschiedlichster Herkunft, die weder die selbe Vergangenheit hatten noch die selbe Lebensweise, kommen sehr viel zahlreichere und verschiedenartigere Bedürfnisse an den Tag. Angesichts der Vielfalt der bereits zur Verfügung stehenden Güter zwingen die immer weiter verfeinerten Bedürfnisse der Verbraucher Handel und Gewerbe, sich auf immer weiter verzweigte Wege der Arbeitsteilung zu begeben.

Fügen wir hinzu, daß in einer Gesamtheit, deren einzelne Teile derart eng aneinander gefügt sind, sich die Bevölkerung in einem stärker begrenzten Raum versammelt. Die Menschen geraten öfter von einer Umgebung in eine andere, bekommen ein breiteres Gesichtsfeld, Erfahrungen unterschiedlichster geschmacklicher Vorlieben und vielfältigster Güter, an verschiedenen Orten, in unterschiedlichen Klassen: Wetteifer, Nachahmung und Neugierde bestimmen die Ströme von Konsumption und Produktion, lassen neue öffentliche und private Dienste entstehen, an die man sich schnell gewöhnt. Und von Neuem setzt die Wechselwirkung zwischen Verkäufern und Käufern ein, zwischen Kunden und Erzeugern, unter dem dauerndem Einfluß einer Öffentlichkeit, die diese Abläufe weiter vorantreibt.

Was aber finden wir am Ursprung einer solchen Entwicklung, die nicht nur im Wirtschaftsleben entsteht, sondern im Bereich des Rechts, der Verwaltung, der Kunst, der Wissenschaft, die immer entscheidendere Gebiete der Gesellschaft erfaßt? Einfache Veränderungen der Formen: größere Abmessungen, zahlreichere Bestandteile, engere Verschmelzung, beschleunigte Vermehrung, angewachsene Dichte. Heißt das aber, daß man einen Typus, eine Art von Gesellschaft allein schon durch ihren morphologischen Charakter bestimmen kann?

Wenden wir uns einem konkreten Fall zu, den Marcel Mauss untersucht hat. Die Eskimos schützen sich im Winter in Häusern, langen Häusern, in denen sich sechs, sieben, bis zu zehn Familien versammeln. Sie wohnen dort gemeinsam, jede auf ihrer eigenen Schlafbank oder in einem abgeschirmten Bereich davon. Im Sommer lebt man in Zelten, die dann jeweils nur einen engeren Familienkreis beherbergen. Diese Unterkünfte verteilen sich entsprechend der Jahreszeit ganz verschieden. Ein Winterlager besteht aus mehreren eng beieinander liegenden Häusern, eine Ansammlung von Menschen auf begrenztem Raum, manchmal in einem einzigen Haus untergebracht, bis zu zwölf Familien und achtundfünfzig Bewohner, eine außergewöhnlich hohe Zahl, da doch meist nur fünf oder sechs Familien dort leben. Die Sommerzelte dagegen sind weiträumig verteilt. Die Gruppe verstreut sich in dieser Jahreszeit. Auf die Reglosigkeit im Winter folgen weite Wanderungen. Bald also ist die Bevölkerung zusammengedrängt, wie wenn sich der Stamm abschließen, auf sich selbst besinnen wolle, bald ergießt sie sich in die endlosen Landschaften, verstreut sich entlang der Küsten.

Einfach nur ein sonderbares Phänomen? Doch das gesamte soziale Leben ist davon betroffen: Familie, Ernährung und Güterhaltung, politische Organisation. Und auch die Religion der Eskimos folgt dem selben Rhythmus, Sommerreligion und Winterreligion. Oder vielmehr gibt es im Sommer keine wirkliche Religionsausübung außer einem privaten, häuslichen Kultus, alles ist beschränkt auf Riten anläßlich einer Geburt, eines Sterbefalles, und die Beachtung einiger weniger religiöser Verbote. Im Gegensatz dazu lebt das Winterhaus, wenn man so will, in einem Zustand ständiger religiöser Erregung. Mythen und Geschichten werden erzählt, von den Alten an die Jungen weitergegeben. »Andauernd gibt es eindrucksvolle schamanistische Sitzungen, um Hungersnöte zu bannen. Alles in allem kann man sich das ganze Leben im Winter als eine Art großes Fest vorstellen.«

Nichts davon muß uns befremdlich vorkommen. Sicher ist dieser alternierende Rhythmus bei den Eskimos ausgeprägter, weil sie Landstriche bewohnen, in denen sich Sommer und Winter klarer unterscheiden als anderswo. Dies läßt sich auch in den indianischen Gesellschaften Amerikas beobachten, vor allem im Nordwesten, und dann auch bei vielen Hirtenvölkern. Aber gibt es nicht auch in unseren westlichen Gesellschaften Vergleichbares? Denken wir nicht nur an den Beginn des Winters auf dem Lande, wenn das dörfliche Leben inniger wird, während man sich im Sommer auf Wanderschaft begibt, sich wieder zerstreut. Und ganz unabhängig von den Jahreszeiten und ihrem Wechsel sind sich die Familien auf dem Dorf sehr viel näher, manchmal durch eine warme, fast tierische Vertrautheit verbunden, wie in jenem Cromedeyre-le-Vieil bei Jules Romains, einem großen, in den Fels gehauenen, menschlichen Termitenhügel, jede Wabe eine kleine Hütte, dicht nebeneinander. In den Städten dagegen, vor allem in den Großstädten, sind die Haushalte verstreut und selbst wenn hier verwandtschaftliche oder freundschaftliche Bande bestehen, Gemeinsamkeiten von Herkunft und Beruf: was sie trennt ist weniger der Raum selbst als jener namenlose menschliche Stoff, dessen Gegenwart man ahnt, selbst wenn man sich nicht an diesen Menschenmengen stört, die sich durch die Straßen schieben und einen oft irgendwohin mit sich ziehen, ohne daß man es wollte. Aber Stadt und Dorf unterscheiden sich nicht nur durch ihre materielle Struktur, die Verteilung der Wohnungen, der Gruppen ihrer Bewohner. Auch die religiösen Überzeugungen sind dort nicht dieselben, nicht die Art der Religionsausübung, nicht die Verrichtungen, die beruflichen Tätigkeiten, die Sitten, vielleicht sogar nicht einmal das Recht, die Teilung und Weitergabe von Gütern, und nicht die Teilhabe am öffentlichen Leben. Wenn das flache Land seine Bewohner nur eine Hälfte des Jahres ernähren könnte, wenn sie während der anderen in die großen Ballungsräume ziehen müßten, würden sie denselben Wechsel der Jahreszeiten durchleben wie die Eskimos, und tauchten dabei immer wieder in ganz unterschiedliche Kulturen ein.

Dieser erste Überblick hat uns also nahegelegt, die materiellen Gestaltungen des Gruppenlebens vom Rest der gesellschaftlichen Wirklichkeit zu unterscheiden. Eigenschaften, die sich daraus ergeben, daß sich diese Gruppen den Raum aneignen, sich in ihm bewegen, daß sie einen Körper besitzen und innere Gliederungen, sich aus einer Menge von Teilen zusammensetzen, aus zueinander gesellten Lebewesen.

Diese materiellen Züge gesellschaftlicher Gruppen treten allerdings mehr oder weniger hervor, je nach den sozialen Formen, die wir oben angesprochen haben: sie bilden Tatbestände ersten Ranges, fast ausreichend, um einen eigenen Bereich der Soziologie abzustecken, wenn man die Zustände und die Veränderungen des Bevölkerungsverhaltens untersucht, Dörfer, städtische Ballungsgebiete, die Siedlungsweise, aber auch Wanderungsbewegungen, Straßen, Verkehrsströme. Hier befinden wir uns auf einem fest umrissenen, eigenständigen Gebiet, auf dem Gebiet der reinen und schlichten Bevölkerungstatbestände, der sozialen Morphologie im engen Sinne. Handelt es sich aber um andere kollektive Realitäten, Sippen und Stämme, familiäre religiöse, politische Gruppen? Tatbestände der räumlichen Struktur stellen hier nicht mehr das Ganze vor, sondern sind nur Bedingung, wie ein physisches Substrat dieser Gemeinschaften. Ihre Wirkung hat in jedem der Fälle einen besonderen, eigentümlichen Gehalt und vermischt sich nicht mit allgemeinen Veränderungen der räumlichen Struktur und geographischen Verteilung. Mit anderen Worten: in die Rahmen der einzelnen soziologischen Gegenstandsbereiche zurückversetzt und untersucht, spiegeln die materiellen Formen von Gesellschaften eine ganz eigene Ordnung von Verrichtungen und Besorgungen wider. Deshalb müssen wir hier von einer religiösen, einer politischen Morphologie sprechen, von morphologischen Tatbeständen im weiten Sinne.

Überall handelt aber die soziale Morphologie, wie die Soziologie überhaupt, von kollektiven Repräsentationen. Wenn wir unsere Aufmerksamkeit den materiellen Formen des gesellschaftlichen Lebens zuwenden, dann weil es darum geht, hinter ihnen einen ganzen Bereich der kollektiven Psychologie zu erschließen. Die Gesellschaft prägt sich immer in die materielle Welt ein, und das menschliche Denken findet hier, in solchen Vorstellungen, die ihm durch ihre räumliche Verfassung zufließen, Regelmäßigkeit und Standsicherheit – fast wie der einzelne Mensch seinen Körper im Raum wahrzunehmen lernt, um im Gleichgewicht zu bleiben.

Religiöse Morphologie

Keine Gesellschaft, die sich nicht auch in ihren räumlichen Umrissen zeigte, nicht eine Ausdehnung und materielle Unterlage hätte. Jedes kollektive Handeln setzt die Anpassung einer Gruppe an physische Bedingungen voraus, die sie, in ihrer Art und Weise, sich vorzustellen gezwungen ist. Ein Politiker, ein Priester, ein Unternehmer, sie wissen, zumindest im Großen und Ganzen, von den Menschen, die sie führen, deren materielle oder spirituelle Belange sie verwalten, auf die sich ihr Einfluß erstreckt. Sie stellen sich ihren Ort, ihre Verteilung vor, nehmen in Gestalt einer Hierarchie, einer festen Ordnung die Verbindungen und Beziehungen zwischen ihnen und zu jener Gesamtheit wahr, deren Teil sie sind. Alle Verbände, alle Kollektive, welcher Art auch immer, besitzen demnach einen morphologischen Zug. Es gibt mit anderen Worten eine allgemeine soziale Morphologie, deren Gegenstand die materiellen Formen aller besonderen Gruppen, aller großen menschlichen Tätigkeiten sind, in die sich das kollektive Leben als Ganzes gliedert. Auf sie wird sich nun unsere Aufmerksamkeit richten. Wir können dabei übrigens sehen, daß sich diese räumlichen Formen oder Strukturen als mehr oder weniger entwickelt darstellen, daß sie eine unterschiedliche und ungleich gewichtige Bedeutung haben, wenn wir uns dabei je verschiedene gesellschaftliche Einrichtungen ansehen. Es scheint deshalb nützlich, hier einer gewissen Ordnung zu folgen, einer vorläufigen Unterteilung der verschiedenen Bereiche gesellschaftlicher Arbeit im Hinblick auf die verhältnismäßige Bedeutung ihrer materiellen und räumlichen Repräsentationen innerhalb des Lebens und Denkens der Gruppe.

Sippenreligionen, Stammesreligionen, Stadtreligionen, Volksreligionen, »geschlossene« Religionen zweifellos, nachdem sie in der Tat die selben Grenzen aufweisen wie die jeweilige Gesellschaft, deshalb allerdings auch die einzigen sind, auf die sich eine soziologische Betrachtung erstrecken kann. Es lassen sich Landkarten dieser Religionen anlegen, indem man die Zahl der Gläubigen erfaßt, und nichts hindert uns daran, hinter diesem Etikett diejenigen herauszugreifen, die ihren Glauben tatsächlich ausüben. Genau dies hat kürzlich Le Bras getan, in einer Erhebung über die Veränderungen der Religionsausübung auf dem Lande. Er stützte sich dabei auf sehr genaue Statistiken aus den Archiven von Pfarreien und Diözesen. »Wenn man«, so sagt er, »all diese Zahlen auf einer Karte der vierzigtausend Gemeinden Frankreichs einträgt, ist die erste verblüffende Feststellung die Spaltung des Landes in große Gebiete des Glaubens und der Gleichgültigkeit. Im 18. Jahrhundert zeigten sich hier überall ähnliche Ausprägungen und Entwicklungen. Heute ist dieses Frankreich ein Bundesstaat mit den unterschiedlichsten Ländern: der Nordwesten, der Nordosten und der Osten, das Zentralmassiv und einige kleinere Gebiete, das Baskenland, die Terres froides in der Dauphiné, Queyras, in denen die Gläubigen zumindest in der Überzahl sind, bisweilen ausnahmslos das österliche Abendmahl einnehmen. Dazwischen erstrecken sich Wüsten des Unglaubens, in denen der Anteil der Frommen selten ein Zehntel der erwachsenen Bevölkerung erreicht. Jeder dieser Landstriche umfaßt viele Kreise, mehrere Millionen Einwohner und ihre Grenzen sind fast so eindeutig wie die staatlichen.«

Und jede Konfession besitzt auch äußere Grenzen, die sie zu überwachen und zu erhalten bemüht ist: der deutsche Lutheranismus, der bis nach Straßburg reicht und auch ins Elsaß eingedrungen ist, hat sich seit dem 17. Jahrhundert kaum verändert. Jenseits der Grenzen dieser Länder, auf die sich die verschiedenen Zweige des Christentums verteilen, liegt eine weite Welt der Ungläubigen, in der Katholiken und Protestanten ihre Missionen unterhalten: es sind dies die Kolonialgebiete der Kirche. Auch hier, über diese Einrichtungen, entweder einzelne Flecken in der Landschaft oder eng untereinander und mit dem Heimatgebiet der religiösen Gruppe verbunden, gibt es Zahlen, kennt man Ausdehnung und Ort. Dies kann sich dort allerdings sehr häufig und sehr schnell wandeln, während in unseren alten Ländern, in denen sich die verschiedenen

Konfessionen lange Zeit hindurch in gewisser Weise einander angepaßt haben, die entsprechenden Gebiete über Jahrhunderte nahezu unverändert geblieben sind.

Und ebenso wie von einer Bevölkerungsdichte die Rede ist, gibt es auch eine Religionsdichte, die im Übrigen ziemlich unterschiedlich ausfällt, je nachdem, ob man die Zahl der Gläubigen im Verhältnis zu den von ihnen bewohnten Gebieten nimmt, oder im Verhältnis zur Bevölkerung als Ganze, Gläubige, Nichtgläubige, Mitglieder anderer Glaubensgemeinschaften. Sie verändert sich aber in jedem Fall danach, ob die Gläubigen eher gehäuft auftreten oder stärker verstreut leben. Wenn es richtig ist, daß sie auf dem Land häufiger und dichter gesät sind als in den Städten, und dort etwa in den reichen oder zumindest wohlhabenden Pariser Vierteln eher zu Hause als in den Arbeitervorstädten, dann sieht man, daß die religiöse Dichte kaum der demographischen Dichte entspricht, zumindest nicht in unserer Zeit. Umgekehrt waren die bevölkerungsreichsten Städte des europäischen Mittelalters auch die Hochburgen des Glaubens.

Und wieder: genauso wie es Wanderungsbewegungen innerhalb von Bevölkerungen oder ganzer Völker gibt, wandert auch das religiöse Volk oder kann dies wenigstens tun – Ströme durchfließen diesen Körper. Wiederkehrende Ortsveränderungen, jeden Tag, jede Woche, zu bestimmten geheiligten Zeiten, wenn alle Gläubigen ihre Heime verlassen, zu den Stätten ihres Kultes aufmachen, um sich dann erneut zu zerstreuen. Hier vermischen sie sich bisweilen mit den Wanderungsströmen im demographischen Sinne. Die arabischen Eroberungszüge vermitteln uns eine Vorstellung jener kriegerischen Wanderungsbewegungen, die gleichzeitig massenhafte Ströme eines Glaubensvolkes gewesen sind, und die ersten amerikanischen Kolonisten waren auch Pioniere des verkündigten Worts. Dagegen haben Wanderungen innerhalb seßhafter Völker im Allgemeinen nicht dieses Gepräge, und Pilgerzüge oder missionarische Unternehmungen sind hier meist zeitlich begrenzt.

Ein religiöser Körper kann schließlich, wie die Bevölkerung eines Staates oder einer Stadt, wachsen oder schrumpfen: es gibt, vergleichbar den Geburten, Eintritte in die Kirche, durch Taufen, Taufen von Kindern, die noch ohne Religion sind, und bekehrter Erwachsener. Umgekehrt bedeutet der Tod eines Gläubigen nicht seinen Austritt aus der Kirche. Eine gewisse Entsprechung dafür findet man bei denjenigen, die zu glauben oder ihren Glauben auszuüben aufgehört haben, die sogar ganz aus der Gemeinschaft ausgeschlossen sind, sei es, daß sie einer anderen Religion anhängen oder jedem Glauben abschwören, oder man sie verstößt, exkommuniziert. Dennoch ist dies kein Tod im strengen Sinne, selbst nicht aus Sicht der religiösen Gruppe: denn ob Häretiker, Renegat, Apostat, immer besteht die Möglichkeit, selbstverständlich unter Abwägung der dazu notwendigen Sühne und Buße, erneut in die Gemeinschaft aufgenommen zu werden. Der einzige religiöse Tod, der endgültig wäre, hieße ewige Verdammnis, um die der Mensch nie wissen kann. Es gibt hier aber zumindest, in einem Sinne, den wir verwenden müßten, vorläufige Sterbefälle, einen Tod im Verhältnis zu einer Glaubensgemeinschaft, die man verläßt, eine Geburt im Verhältnis zu jener, in die man eintritt.

Die geographische Verteilung konfessioneller Gruppen kann sich, wie wir gesehen haben, durch Bewegungen im Raum ändern, Bewegungen innerhalb der Gruppe oder der Gruppe als ganzer, die im übrigen nicht von der entsprechenden Religion selbst ausgehen müssen. Oder aber durch das Wechselspiel von Taufen und Bekehrungen: auch hier ein Anstieg oder eine Verringerung der Zahl religiöser Einheiten. Aber sie kann das auch im Verhältnis zu anderen Glaubensgemeinschaften. Durch plötzliche oder allmähliche Vertreibung. Durch Massenbekehrungen, eines ganzen Stammes, eines ganzen Volkes. Durch eine Art Unterwanderung, das zunehmende Eindringen Ungläubiger, oder anderer Bekenntnisse, durch Proselytismus, Propaganda und exemplarische Lebensführung. Auch durch den Wechsel von Herrschaftsverhältnissen, oder weil der Fürst die Religion wechselt, während und nach der Reformation etwa: *cuius regio, huius religio*. Durch reine, schlichte Wanderungsbewegungen, wenn Emigranten gleicher Konfession aus keineswegs religiösen Gründen in ein anderes Land kommen: in den Vereinigten Staaten ließen Italiener und Iren die katholische Gemeinde anwachsen, russische Juden machten das heutige New York zur größten jüdischen Stadt der Welt. Durch alle Ursachen schließlich, welche die Zahl der Geburten und Sterbefälle in einer Bevölkerung verändern, die einer bestimmten Religion zugehört, in der sie die Masse ihrer Anhänger aushebt. Vor Ort, und ohne zunächst ins Auge fallende Veränderungen, kann sich so die religiöse Dichte, die Verteilung der Gläubigen innerhalb eines konfessionellen Gebietes grundlegend wandeln.

Betrachten wir zuletzt die Struktur der religiösen Gruppe, hier also der Kirche, eine Gesamtheit von Priestern und Laien. Das Gebiet, welches sie umfaßt, ist in verhältnismäßig gleich geartete und nebeneinander bestehende Einheiten gegliedert, jede mit ihrer Mitte und ihren Grenzen, einem bestimmten Ort und einer bestimmten Gestalt: im Katholizismus sind es die Gemeinden, Diözesen, Bistümer, Erzbistümer, aufsteigende Glieder ihrer Kirche. Über diesen Teilungen wölben sich dann andere, die der Orden und Klöster, eine ihrerseits hierarchisierte Organisation, der Kultstätten, Heiligtümer, Wallfahrtsorte. Aus allen diesen Elementen ersteht eine kollektive Vorstellung des religiösen Raumes, der Gruppe gemeinsam und mehr oder weniger klar und deutlich im Bewußtsein ihrer Mitglieder gegenwärtig.

Nun können all diese morphologischen Tatbestände aus zwei verschiedenen Blickwinkeln betrachtet werden. Auf der einen Seite im Bezug auf die Religion selbst und nur auf sie, insofern sie sich auf ihre Dogmen, ihre Riten, ihr geistiges Leben, die Art der Glaubensvorstellungen und Andacht, schließlich auf die eigentliche Verfassung der Kirche, ihre ganze Gliederung auswirken. Daß etwa ein ganzes Land zu einem neuen Glauben bekehrt wird, setzt keineswegs notwendig demographische Folgen in Gang. Doch in dem Maße wie sie sich ausbreitet, geht diese Religion sicher gestärkt daraus hervor. Das selbe gilt, wenn religiöse Gruppen immer dichter werden, oder wenn das Gebiet, das sie besiedeln, einheitlich und dauerhaft besteht, ohne zeitliche Unterbrechung oder räumliche Einsprengungen, in denen Andersgläubigen zu Hause sind. Daß sich die materielle Struktur der Kirche verändert, daß ihre Teile eine andere Ordnung annehmen, andere Beziehungen zeigen, ist dabei sehr wohl Zeichen eines allerdings rein religiösen Wandels. Wenn die grenzüberschreitende Kirche des Mittelalters nun in nationale Kirchen zerfallen ist, scheint dieser Umstand in demographischer Hinsicht kaum erhebliche Folgen gehabt zu haben. Aus religiöser Sicht allerdings bedeutet dieser Strukturwandel, daß sich das Spirituelle mehr und mehr dem Materiellen, das Geistliche dem Weltlichen unterordnet, daß das Oberhaupt der Kirche in Abhängigkeit jenes Staates gerät, auf dessen Gebiet es sich befindet: der Papst wird zunächst zu einem italienische Fürsten, und dann, wenigstens in einem gewissen Maße, zu einem Amtsträger der italienischen Verwaltung. Wenn sich die Bauwerke der Mönchsorden verändern, wenn man dort einzelne Zellen anstatt eines gemeinsamen Schlafsaales, ein geschlossenes Kloster anstatt der Gärten entstehen sieht, die den Blick auf die Landschaft öffneten, ist dies das Zeichen für die Einführung neuer Regeln: die Gemeinschaft zieht sich auf sich selbst zurück, gleichzeitig werden ihre Mitglieder angehalten, sich voneinander abzusondern, sich der inneren Andacht zu widmen. In solchen Fällen hat die Anordnung von Teilen innerhalb der Glaubensgemeinschaft, haben diese Veränderungen ihren Grund in der Religion selbst und nur in ihr.

Wenn sie eine Kirche verlassen oder von einer Wallfahrt zurückkehren, sind die Menschen, als demographische Einheiten, das, was sie zuvor waren. Und wenn sie im Verlauf dieser religiösen Verrichtungen auf eine bestimmte Art und Weise im Raum verteilt sind, ist es allein ihr religiöses Bewußtsein, das dadurch verändert werden konnte. Doch diese Veränderungen der materiellen Form, denen die religiösen Einrichtungen unterworfen sind, können auch als solche in den Blick genommen werden, unter Absehung von religiösen Tatbeständen. Man erkennt dann, daß sie sich tatsächlich von ihnen unterscheiden, in einer anderen Gesamtheit zusammenfinden, jener der Bevölkerungstatsachen im engen Sinne. Machen wir dies nur an einigen Beispielen deutlich.

Große religiöse Bewegungen, Wanderungen im Geist des Glaubens, Kreuzzüge oder Wallfahrten, sie sind allein schon Anlaß für die Versammlung vieler Menschen an einem Ort. Neben den Gläubigen gibt es dort jene, die von Neugier angetrieben werden, von der Aussicht, Geschäfte zu machen, Schaulustige, Landsknechte, Abenteurer, Devotionalienhändler, Wirte mit ihren Garküchen, Anbieter aller nur denkbaren Lebensmittel, Waren und Dienste. Mit den Kreuzzügen entstand in Städten wie Venedig und Byzanz ein reger Warenverkehr, der Handel folgte den Gläubigen wie diese den christlichen Heeren. Nun sind jene Menschenmengen, in ihrem Umfang und ihrer inneren Gliederung, vielfältigsten Einflüssen ausgesetzt, die sie immer nachhaltiger verändern. Sie sind Quellort morphologischer Tatbestände derselben Natur wie die Bevölkerung als ganze. Michelet hat uns berichtet, daß während der Kreuzzüge sechshunderttausend Menschen das Kreuz genommen hatten – es waren kaum mehr als fünfundzwanzigtausend, die Antiochia verließen, und zehntausend kamen schließlich nach Europa zurück. Was aber widerfuhr den vielen anderen? »Ihre Spur ist leicht zu finden: sie verläuft durch Ungarn, das byzantinische Reich und den Osten, eine Straße, gesäumt von menschlichen Gebeinen.« Vielleicht eine Übertreibung. Aber der Zug dieses riesigen Haufens hatte auch andere Folgen. Es ist das Aufeinandertreffen Europas und Asiens, zweier Bevölkerungsgruppen mit unterschiedlichen demographischen Strukturen: welche Veränderungen mußten sich hier nicht einstellen? Und wie sollte sich nicht durch den Weggang so vieler Menschen die Entwicklung der Geburten, der Heiraten und Sterbefälle, und durch ihre Heimkehr die Art der gesellschaftlichen Verfassung des Abendlandes selbst verändert haben?

Wenn auf der anderen Seite eine religiöse Gruppe größer oder kleiner wird, wenn sie also demographische Entwicklungen an den Tag legt, die sie von anderen unterscheiden, ist ihre verhältnismäßige Ausdehnung nicht ohne Auswirkungen auf die Bevölkerung im allgemeinen und insbesondere ihr Wachstumsverhalten. Die Philosophen des 18. Jahrhunderts haben behauptet, daß in Ländern wie Frankreich die vielen Priester und vor allem Mönche und enthaltsam lebenden Gläubigen für das allgemeine Bevölkerungswachstum hinderlich seien. Umgekehrt rühmt Joseph de Maistre in seinem Buch über den Papst die Vorzüge des religiös bedingten Zölibats: »Man sollte nie aus den Augen verlieren, daß es keinen wahren Priester gibt, dessen besonnener und machtvoller Einfluß dem Staat nicht an die hundert Untertanen geschenkt hätte. Denn die Wirkung, die er auf diesem Gebiete ausübt, ist beständig und ohne jedem Vergleich. In gewisser Weise gibt es nichts Fruchtbareres als die Unfruchtbarkeit des Priesters. Die unerschöpfliche Quelle der Bevölkerung ist die Enthaltsamkeit im Zölibat und die Keuschheit in der Ehe. Die sich paarende Liebe – es ist die Tugend, die Bevölkerung schafft. Alle anderen Religionen der Welt machen vor dem ehelichen Schlafgemach halt. Nur eine Religion betritt es mit den Eheleuten und wacht über sie ohne Unterlaß. Zu sagen, der enthaltsame Priester schade der Bevölkerungsentwicklung, hieße behaupten, das Wasser schade der Pflanzenwelt, weil sich doch weder Weizen noch Weinstock durch Wasser vermehrten. Unter den Briefen des heiligen Franz von Sales findet man auch den einer Frau von hohem Stande, die um Rat fragt, ob sie sich an Feiertagen, da sie nur wie eine Heilige leben wolle, ihrem Gatten verweigern dürfe. Und der Bischof antwortet und erklärt ihr die Pflichten des gesegneten Ehebettes.«

Umgekehrt wirken auch Tatbestände des Bevölkerungsverhaltens auf die Gestalt und Dichte religiöser Gruppen zurück. Die Untersuchung von Mauss über die Eskimos hat uns gelehrt, daß sich die Kraft des religiösen Lebens in diesen Stämmen unterscheidet, je nachdem, ob sie zusammen oder verstreut leben. In dieser Hinsicht ist der Unterschied zwischen Stadt und Land ähnlich stark ausgeprägt. In den großen Städten ist es für eine religiöse Gruppe sehr viel schwerer, sich gegenüber anderen abzusondern, sich um ihre Kirche zu sammeln. Die vielen Straßen und Verkehrsmittel, sie wirken in dem selben Sinne. Sie setzen Strömungen in Bewegung, mit denen Neues, ein freieres Denken in die Masse der Gläubigen eindringt, ihren Zusammenhalt bedroht, ihn bisweilen sogar zerbricht. Der Exodus in die Städte hat, während er die katholischen Gemeinden auf dem Lande auszehrte, die Menschen, die er ihnen entriß, in eine vielschichtige, schillernde Umgebung versetzt, die jene ursprünglichen konfessionelle Trennungen kaum begünstigen konnte. In Frankreich scheinen deshalb auch die Landstriche, in denen sich die materielle Struktur der religiösen Gruppen, ihre Größe und Dichte kaum verändert hat, weniger als andere von den großen demographischen Bewegungen unserer Tage berührt worden zu sein, dem Geburtenrückgang, den inneren Wanderungsbewegungen, dem Entstehen großer Städte.

Wie hätte eine Religion wie das Christentum, die zunächst in Vorderasien entstand und sich später an den Küsten des Mittelmeeres ausbreitete, in Europa Fuß fassen können, wie schnell hätte sie nicht in seinen weiten Landschaften versikkern müssen, wenn sie nicht in Völker eingedrungen wäre, die zwar bis dahin mit ihr nicht in Berührung gekommen, ihr aber Stütze waren für ihre Ausdehnung und ihren Zusammenhalt? Die Geschwindigkeit dieser Ausbreitung ist jedenfalls erstaunlich. Läßt sie sich durch eine Art innere Kraft erklären? Tatsächlich scheint die neue Religion selbst weder die Zahl der Gläubigen vermehrt noch Größe und Struktur der Bevölkerungsgruppen verändert zu haben, die sie in den ersten Jahrhunderten erreichte. Denn ebenso wie sie in ihrer hierarchischen Ordnung und ihren örtlichen Gliederungen das Prägezeichen einer räumlichen Verfassung trug, die das römische Imperium hinterlassen hatte, spiegeln ihre Gestalt, ihre Grenzen in späterer Zeit die geographische Verteilung von Stämmen und ihren Herrschaftsgebieten, dem der Gallier, Deutschlands und Spaniens wider, ihre zeitweiligen Annäherungen, ihre brüchigen Zusammenschlüsse. Sie machte lange Zeit an diesen Grenzen halt, sah sich den gleichen Hindernissen gegenüber wie jene politischen Gebilde. Die Masse der Gläubigen ist stattdessen angewachsen, weil die Bevölkerung dieser Gruppen zunahm, durch Eroberungen, durch Geburtenüberschüsse. Und sie verringerte sich, wenn Kriege und Seuchen

Lücken in sie riß, also durch Veränderungen demographischen Natur.

Und wenn wir uns die Kreuzzüge in Erinnerung rufen, dann scheint es, als würden nicht nur ihre Folgen, sondern auch ihre Ursachen über den Rahmen eines reinen, allein religiösen Vorgangs hinaus reichen. Waren sie denn anders möglich als in jenen unsteten, kaum dem Boden verhafteten, immer wieder von einem Wanderungsbedürfnis erfaßten Völkerschaften? Die Grundherren waren durch ihre Burgen, ihren versprengten Besitz ebensowenig an die Scholle gebunden wie das niedere Volk, verstreut auf dem flachen Land, in seinen kleinen Siedlungen. Diese inkonsistente und prekäre materielle Struktur der Gesellschaft, wie hätte sie der Anziehungskraft eines Bevölkerungsstromes etwas entgegensetzen können, zugleich Wanderungsbewegung und Kriegszug unter religiöser Flagge, der in jenem Maße Macht gewann, in dem er stetig anschwoll? Die Bevölkerung scheint nun seßhaft geworden zu sein, die Zeit der Eroberungszüge ist vorüber. Aber diese noch nahen Erschütterungen bleiben in Erinnerung und die Menschen bereit, sich erneut in Bewegung zu setzen.

Nach den Kreuzzügen wird der Weg in die Stadt beginnen, Europa wird sich nach und nach in den Städten der Handwerkern und Kaufleute zusammenfinden. Bald danach dann eine grundlegende Neugestaltung der räumlichen Strukturen der Religion, die mit der Reformation einsetzt. Diese wird ihre Stützen gerade in den großen Städten Deutschlands, Hollands, der Schweiz und Englands finden. Und auch hier wieder bereiten Bevölkerungstatsachen den Boden, auf dem neue oder neu mit Leben erfüllte religiöse Einrichtungen ihre Struktur werden entwickeln können.

Es ist also keineswegs in einem bloß symbolischen Sinne, daß wir den Ausdruck »Körper der Kirche« verwenden sollten. Denn die Gesamtheit der Gläubigen stellt sich auch als eine materielle Größe dar, und nichts, was sich dort vollzieht, bleibt ohne religiöse Bedeutung. Eine Geschichte des Christentums wäre nicht nur unvollständig, sondern voller Unklarheiten und manchmal sicher auch fehlerhaft, wenn sie die Topographie der ersten Gemeinden, die Zahl ihrer Mitglieder nicht zur Kenntnis nähme und nicht, wie sich diese Gruppen im Raum bewegt und ausgebreitet haben. Dennoch bleibt das gläubige Volk ein Bestandteil der Bevölkerung als Ganzer, und wenn man hier von der Religion absieht, davon, daß sich menschliche Gruppen an sie binden, dann gibt es keinen Grund, sie von jenem demographischen Umfeld zu trennen, in das sie eingelassen sind. In dieser Hinsicht reihen sich die Tatbestände der religiösen Morphologie in schlichte Tatbestände des Bevölkerungsverhaltens, und insbesondere die Ausdehnung religiöser Gemeinschaften und der Wandel ihrer Struktur ergeben sich meist aus größeren Bewegungen, von denen die gesamte Bevölkerung erfaßt wird.

Politische Morphologie

Es ist sicher kein Zufall, daß die ersten Demokratien am Meer entstanden, um jene Hafenstädte, in denen ein reger und ausgedehnter Verkehr und Handel die Menschen verschiedenster Völker, Gesellschaften unterschiedlichsten Gepräges in Umgang miteinander brachte. Ein politisches Gemeinwesen schmiegt sich offenbar sehr viel enger an räumliche Gegebenheiten als eine religiöse Ordnung. Der Widerstand der Dinge läßt Reiche zusammenbrechen, alle Versuche der Durchsetzung eines gemeinsamen Rechtes scheitern. Es genügt hier umso weniger, nur die Gedanken und Gefühle der Menschen zu kennen: wir haben über ihre Körper in gleicher Weise wie über ihren Geist zu sprechen. Und wir können erwarten, daß die materiellen Formen, die materielle Struktur gesellschaftlicher Gruppen dort eine sehr viel bedeutendere Wirkung ausüben als auf religiöse Überzeugungen, die nicht im selben Maße dem Einspruch der physischen Erfahrung gehorchen.

Politische Morphologie meint die Untersuchung verschiedener Regierungsordnungen und Arten der Verwaltung in ihrer Beziehung zu den äußeren Formen der Gruppen, auf die sie sich erstrecken. Platon hat in seinen *Nomoi*, angetrieben von der Sorge um die Bestandskraft des von ihm entworfenen Staates, eine ganz bestimmte Zahl von Bürgern als notwendig erachtet und nach Mitteln gesucht, auf daß sich diese Zahl weder vermehre noch verringere. Rousseau stellt in seinem *Contrat social* fest, daß es eine Beziehung zwischen der Größe eines Staates und der Art seiner Regierung geben müsse: eine Republik, wie er sie verstand, also die unmittelbare Regierung des Volkes durch das Volk, ohne die Vermittlung gewählter Vertreter, sei nur in sehr kleinen Ländern möglich. Große Länder dagegen könnten nur durch einen Despoten regiert werden. Montesquieu widmet ein ganzes Buch seines *Esprit des lois* dem Verhältnis von Gesetzen und der Zahl der ihnen unterworfenen Menschen. Er versäumt es dabei übrigens, ebenso ausführlich wie die Alten, die griechischen Philosophen und ihre Vorschläge zur Bevölkerungsbegrenzung, jene Gesetze des Augustus zu würdigen, mit denen doch eine Bevölkerungsvermehrung angestrebt wurde.

Durkheim hat in einem Kapitel der *Regeln der soziologischen Methode* gezeigt, wie man verschiedene Gesellschaften allein aufgrund ihrer Struktur einteilen könne, nach der Art der Zusammensetzung und dem Grad der Vereinheitlichung ihrer Glieder. Er verdeutlichte dies vor allem an Gesellschaften auf der Grundlage von Sippen, unterschied dabei einfache, in weitgehend unabhängige Einheiten zerfallende Gesellschaften von anderen, die aus deren zunehmender Annäherung hervorgehen. Jeder dieser Formen müßten dann besondere, fest umrissene, namentlich auch politisch Institutionen entsprechen. Und ebenso wie Durkheim auf die bloße Zahl dieser Gliederungen Wert legte, tat er dies im Hinblick auf den Grad ihrer gegenseitige Nähe, vom einfachen Nebeneinander der Sippen bis zu ihrer vollständigen Verschmelzung. Sicher ein noch recht schlichter Entwurf.

Man könnte diese Umrisse allerdings weiträumiger ausziehen und vor einem solchen Hintergrund die politische Verfassung vergangener und zeitgenössischer Gesellschaften vergleichen. Denn in der Tat entstehen sie fast alle aus der Einschmelzung vorangegangener, kleinerer Gesellschaften und lassen sich nach Art und Ausmaß dieses Vorgangs unterscheiden: die Struktur einer politischen Gemeinschaft drückt aus, in welcher Weise die unterschiedlichen Gebiete, aus denen sie sich zusammenfügt, miteinander zu leben sich gewöhnt haben. Wenn ihre Beziehungen traditionell eng sind, wird die politische Verfassung eher zentralisiert sein. So etwa in Frankreich, schon unter der königlichen Verwaltung. Im England der viktorianischen Zeit ist diese Verschmelzung unterschiedlichster Gebietseinheiten trotz der schnellen ökonomischen Entwicklung des Landes weniger weit gediehen, sind lokale Institutionen immer noch lebendig: Grafschaften, Stadtgemeinden, Pfarrbezirke. Im Deutschland vor dem Kriege haben die Einzelstaaten lange Zeit getrennt voneinander bestanden, haben sich sehr spät gefestigt, manchmal mit einem Zug ins Absurde, in den archaischen Formen des früheren Heiligen römischen Reiches deutscher Nation, bis sie stürmische Veränderungen endlich zusammenfügten. Daher ihre föderale Verfassung, eine Art Kompromiß zweier aufeinanderfolgender morphologischer Strukturen. Eine weitere föderale Verfassung: die der Vereinigten Staaten, seit eineinhalb Jahrhunderten nahezu unverändert. Sie entspricht einem großen, ebenso unveränderten strukturellen Merkmal, verbindet zwei Teile dieses Volkes, einer dicht geballt in den Staaten des Ostens, ein anderer verstreut und in ständiger Bewegung, der dem ersten nach und nach ein Stück seiner selbst überläßt, sich aber dennoch unaufhörlich erneuert, die Farmer und Pioniere des Westens, wesentlicher Bestandteil der amerikanischen Zivilisation: ein Kompromiß zwischen zwei nebeneinander bestehenden morphologischen Strukturen.

Erinnern wir uns auch an verschiedene Siedlungsweisen: auf dem Land verstreute Dörfer, kleinere Städte, und dann die Großstädte. Früher, und auch heute noch in wenig entwickelten Gebieten, bilden die Menschen kaum feste politische Gemeinschaften, es sind Gruppen, deren Form sich leicht ändert, die sich teilen, zusammenschließen und von Neuem trennen. Montagne hat kürzlich die vielen umherziehenden Stämme im Norden Afrikas, insbesondere in Marokko beschrieben, die sich bekämpfen, dann wieder Bündnisse eingehen, ganze Verbände schaffen, manchmal für eine gewisse Zeit zu beachtlicher Größe heranwachsen. In seinem Buch über Dschingis Khan erklärt Grenard die Bildung jenes vergänglichen Großreiches in Mittelasien unter der Herrschaft des großen mongolischen Eroberers durch eben diese Instabilität, diese Inkonsistenz der Gruppen selbst, die ein Kriegsherr zu so einem derart großen politischen Gebilde einen konnte. Doch sie waren ein Ganzes nur so lange der Eroberer lebte, und zerfielen erneut, als er verschwand.

Aber auch die Bindung an die Scholle reicht nicht aus, um schon widerstandsfähige politische Einheiten zu bilden, so lange diese nicht über den beschränkten Kreis der Dörfer hinaus reichen. Seßhafte Bevölkerungen leben oft verstreut, in kleinen Siedlungen, werden leichte Beute für wandernde Völker, vor allem wenn sie über eine starke militärische Organisation verfügen. Ihre räumliche Ausdehnung deckt sich zunächst mit der Grundherrschaft: sie spannt sich über versprengte Gruppen, ist aber nur der erste Anlauf zur Bildung einer territorialen Ordnung, die sich nur langsam festigte. Michelet hat erkannt, wie prekär eine solche Ordnung zunächst ist, wenn nicht mehr ein Stamm oder eine Volksgruppe ihre Grundlage bildet, wenn sie sich nicht dauerhaft des Landes bemächtigen kann, ein ständiger Kampf herrscht zwischen den früheren Grundherren und den Eroberern, und ihnen und den kriegerischen Völkern, die dann später nachdrängen. »Seßhaftigkeit, die Bindung an Boden und Besitz, diese bis dahin nicht bestehende Voraussetzung, so lange der Zustrom fremder Völkerschaften andauert, sie ist bei den Karolingern noch kaum vorhanden und wird sich erst mit dem Feudalismus entwickeln. Die politische Ordnung, ihre Einheit hat Karl der Große, so scheint es, von den Römern übernommen. Aber weshalb war diese Ordnung so wenig dauerhaft? Weil sie nur materiell, nur äußerlich war. Materie will Vielheit, der Geist will Einheit. Die Materie, immer teilbar, strebt auseinander, bedeutet Zwietracht, materielle Einheit einen Widerspruch in sich. In der Politik kann sie nur Gewaltherrschaft meinen. Denn in Erwartung des kommenden Geistes macht sich die Materie davon, verstreut sich in alle Winde. Das Geteilte teilt sich wieder, das Weizenkorn zerfällt. Die Menschen schwören einander ab, verwünschen sich, wollen sich nicht kennen. Wer sind schon meine Brüder? Sie setzen sich fest, jeder für sich: dieser läßt sich bei den Adlern nieder, ein anderer verschanzt sich jenseits des Flusses. Und bald weiß der Mensch nicht mehr, daß sich hinter seinem heimatlichen Landstrich, seinem Tal eine ganze Welt ausbreitet.« Erst mit dem Entstehen der Städte wird eine neue, gleichzeitig räumliche und politische Ordnung geboren, sie bilden ihren Kern, ihre feste Mitte. In den Städten entwickeln sich neue politische Institutionen und ein neuer politischer Geist, der nach und nach auf den gesamten Staat ausstrahlt.

Verschieben wir nun das Gesichtsfeld, betrachten wir nach dem Staat als Ganzem seine großen Tätigkeitsfelder: Militär und Justiz. Jedes von ihnen setzt hierarchisierte Institutionen voraus, fest umrissene Gruppen von Würdenträgern, von Beamten, ein Gerippe der politischen Verwaltung. Ihr Zugriff erstreckt sich in mehr oder weniger einheitlicher Art und Weise über das gesamte Staatsgebiet und muß sich dabei an die je besondere Verteilung der Bevölkerung anpassen. Man kann also feststellen, daß in allen Ländern ebenso wie ein militärischer, ein juristischer, ein fiskalischer Raum besteht. All diese Räume sind in fest umrissene Einheiten untergliedert, mit einem örtlich genau bestimmbaren Hauptsitz und nachgeordneten Verwaltungsstellen. Bereiche, die sich manchmal zweifellos überschneiden, die aber gleichwohl eine jeweils eigene Ausdehnung, eigene Einteilungen, eine ganz eigene Struktur und Form besitzen. In dem Maße nun, wie sich diese Aufgaben besondern, unterscheiden sich auch diese Räume immer deutlicher. Die Menschen müssen lernen, von einem in den anderen wechseln zu können, ohne sie durcheinander zu bringen, sich in jedem von ihnen zurecht zu finden. Erleichtert wird ihnen das durch jene genau bezeichneten Standorte im Raum, deren Bild sich dem Denken einprägt. In dieser Hinsicht weist jede staatliche Verwaltung im Wesentlichen die selben Züge auf. Man denke an die großen politischen Versammlungen, die Parlamente in unseren Gesellschaften, deren Ort genau bestimmt und für alle sichtbar ist, an die Ministerien mit ihrem ganzen Netz angeschlossener Verwaltungseinheiten. Würde man denn das politische Leben während der Revolution tatsächlich verstehen, könnte man sich von ihm ein hinreichendes Bild machen, wenn man sich nicht auch Sitz und Lage des Konvents, der Kommune, der Pariser Sektionen ins Gedächtnis riefe?

Und in der Tat, die Menschen können keinen wie immer gearteten politischen Aufgabenbereich bestellen, ohne sich zu versammeln, ohne einen irgendwie in Beziehung zu jenen Orten des politischen Lebens stehenden Platz einzunehmen, im Verhältnis zu anderen daran Beteiligten und zu allen übrigen Mitgliedern der Gesellschaft. Kein politischer Wandel, ob schleichend oder ruckartig, der nicht auf lange Sicht solche Veränderungen mit sich brächte. Sicher war man in manchen Fällen um einen schonenden Übergang bemüht: Ministerien und Parlamente verbleiben oft an den selben Orten wie zuvor und versuchen sich so lange wie möglich an neue Gegebenheiten anzupassen: das englische Parlament, beschickt im Rahmen eines Wahlrechtes, das heute ganz andere Klassen der Bevölkerung als früher abbildet, sitzt immer noch in Westminster. Dennoch geht es in revolutionären Zeiten vor allem darum, einen Bruch mit der Vergangenheit sinnfällig zu machen. Man schafft also neue Formen, zwingt den gesellschaftlichen Gruppen neue räumliche Strukturen auf. Kleisthenes teilte die Bevölkerung in neue Demen ein, die sich nicht mehr mit ihren früheren Einzugsgebieten deckten. Und in der Französischen Revolution war die Tatsache, daß sich die neuen Gewalten an anderer Stelle niederließen als etwa die frühere königlichen Gerichtsbarkeit vielleicht schwerwiegender als die Absetzung und selbst die Hinrichtung des Königs oder die Abschaffung der Standesrechte, setzte einen radikalen Wandel tief verwurzelter Gewohnheiten und Vorstellungen in Bewegung. Ähnliches galt aber auch im Ancien Régime, wenn man bei hohen Feierlichkeiten den Platz nur eines der Würdenträger änderte. Die alten, leerstehenden oder umgewidmeten öffentliche Bauten gleichen dann jenen Stadttoren, die zu historischen Monumenten, jenen mittelalterlichen Kirchenstiften, die nun zu Werkstätten oder Wohnhäusern der Arbeiterschaft wurden. Sie bewahren dabei wohl noch etwas vom Ansehen der Institutionen, an die sie erinnern. Die alten Rathäuser flämischer Städte lassen an die frühere Macht eines selbstbewußten Bürgertums denken, und die Paläste der Könige bleiben Zeugen einer politischen Gewalt, die nun von anderen wahrgenommen wird.

Wir müssen hier allerdings noch weiter sehen, über diese räumliche Ansammlung der wesentlichen Gewalten des politischen Lebens hinaus: sie läßt sich nie von der Gesamtheit der Menschen trennen, auf die sie sich erstreckt, nie auch von ihrer materiellen Gestaltung. Die militärische Gewalt wird sichtbar an der Heeresordnung selbst, aber eben auch an den Zeichen, die ihr Schutz oder zerstörerisches Werk, ihr von Begeisterung oder Furcht begleiteter Zug beim Rest der Bevölkerung hinterläßt. Reißt sie in Zeiten kriegerischer Bedrohung nicht eine ganze Bevölkerung mit, auch Frauen und Kinder, und stellt man sich nicht gerade dieser Art bewaffnete Stämme vor, die in ein Land einfallen? Die Söldnerbanden des Mittelalters, die Berufsheere des Ancien Régime, auch sie gedungen, ausgehoben vor allem im niederen Volk, sehen wir sie in anderem Licht als jene Haufen von Bettlern und Halsabschneidern, zwar auch einer rohen Disziplin unterworfen, doch stets bereit, sich aufzulösen, plündernd umherzuziehen, Verwüstung und Schrecken zu säen? Demgegenüber haben die heutigen Armeen nationale Wurzeln, sie kommen aus allen Gegenden des Landes und allen Schichten der Bevölkerung.

Und auch die Rechtsordnung ist nicht nur in den Gerichten lebendig, sondern bezeugt ihre fast unsichtbare Gegenwart in all ihren Gliederungen. Der Richter und die der Gerichtsbarkeit Unterworfenen, sie gehören zu einer Gesamtheit, welche die Bewohner eines Landes ausnahmslos einbegreift. Wenn etwa die Grundherren nur dem Urteil Gleichgestellter unterlagen, dann bleibt die Amtsgewalt des Rechtswesens höchst eingeschränkt, bewaffnete Fehden sind an der Tagesordnung. Die grundherrliche Gerichtsbarkeit erstreckt sich nur über ein sehr begrenztes Gebiet, Durchreisende sind ihr gleichgültig, Kaufleute können sich nur in bewehrten Gruppen auf die großen Straßen wagen, Aufruhr, Unruhen, blutige Handstreiche bleiben ungesühnt. Nach und nach weitet sich die Rechtsordnung auf das gesamte Land aus. Und doch entziehen sich viele Gebiete noch lange ihrem Einfluß, bleiben mehr oder weniger unzugänglich: unbewohnte oder kaum besiedelte Landstriche, große Wälder, Höhenzüge, einsame Küsten, die Elendsviertel der großen Städte.

Wir können also von einer politischen Morphologie in dem Sinne sprechen, daß Staaten, daß die politischen Institutionen eines Landes festgelegte und dauerhafte Formen aufweisen, die dem Wandel deshalb widerstehen, weil sie gleichsam mit den

Dingen verbunden sind, mit bestimmten Grenzen und Gestaltungen der Dinge, und vor allem untrennbar mit den Vorstellungen, die sich menschliche Gruppen von ihnen machen. Allerdings lassen sich Tatbestände dieser Ordnung, hier wie auch in der religiösen Morphologie, unter zwei verschiedenen Blickwinkeln sehen. Wir können sie zunächst, wie das bis hierher geschehen ist, als selbständige politische Tatsachen auffassen. Daß sich eine Nation um die Wahrung ihrer Grenzen bemüht, daß die Menschen einer fest umschriebenen Region verbunden sind, kann als Anzeichen dafür gelten, daß der nationale oder regionale Geist hier wirkmächtig bleibt. Solche Teilungen, solche Grenzen sind wie die Symbole einer Gruppe, ihrer Existenz und Vitalität. Wenn in der Tat eine Nation, die seit langer Zeit unter einer solchen Ordnung lebt, oft Mühe hat, sich von diesem äußerlichen, formellen Rahmen zu lösen, in den sie eingespannt war, dann deshalb, weil all ihre Lebensäußerungen die Form dieses Rahmens angenommen haben. Weshalb also hält man sich nicht allein daran, an derart bestehende politischen Gewohnheiten? Sie setzen, das ist richtig, wiederum eine Bevölkerung voraus. Doch hat sich diese menschliche Materie nicht völlig verändert aufgrund eben der Tatsache, daß sie mit einer Nation eins wird, daß sie die Bevölkerung eines bestimmten Landes geworden ist, unter einer bestimmten Ordnung lebt? Denn es sind hier nicht mehr einfach nur schlichte Menschen, sondern Bürger, Untertanen, Regierende und Regierte, Beamte und Verwaltete. Man kann also durchaus sagen, daß auch die Tatbestände der politischen Morphologie eigentlich politische Tatbestände sind und deshalb auch nur als solche aufgefaßt werden können.

Dennoch sind menschliche Gruppen, die im Rahmen eines solchen politischen Lebens geprägt werden, auch zuvor keine amorphe Masse. Werden wir behaupten wollen, man könne sie unmöglich beschreiben, bevor sie eine Nation bilden, Stadtbürger geworden sind, zum Heeresdienst verpflichtet wurden, einer Gerichtsbarkeit unterworfen waren? Hat es denn nicht auch früher Gerichte gegeben, Armeen und Staaten, vielleicht bescheidener, in jedem Fall weniger durchgestaltet, die aber dennoch den Menschen ihren Stempel aufgedrückt haben? Ist es also richtig, daß ein politisches Ordnungsgefüge ausreicht, um all die notwendigen Bedingungen seiner eigenen Entwicklung hervorzubringen?

Wir haben allerdings gesehen, daß die Veränderung oder völlige Umgestaltung einer politischen Ordnung oft deshalb in Gang gesetzt wird, weil die Gesellschaft selbst, weil ihre Bevölkerung anwächst, an Ausdehnung und Dichte zunimmt. Dieses Wachstum findet nun aber meist statt, ohne daß der Gesetzgeber, daß Politik und Regierung dies gewollt oder angestrebt hätten. Nirgendwo kann es das Ziel bestehender Institutionen sein, Gebilde, die immer und vor allem anderen überleben wollen, Entwicklungen, Umstände herbeizuführen, die sie als solche bedrohen. Dies gilt gerade auch für die Entstehung von Großstädten, für alle Wanderungsbewegungen: man legt die Grenzen einer Stadt fest, man beschränkt den Zuzug von Einwanderern, wie wenn das Bett eines Wasserlaufs vertieft würde, um zu verhindern, daß er über die Ufer tritt. Trotz dieser Maßnahmen der politischen Ordnung, manchmal sogar weil sie, ohne es zu wollen, unbewußt, ein Wechselspiel demographischer Kräfte entfesselt haben, die sich ihrer Einflußnahme entziehen, wachsen nun die Städte immer weiter, dehnen sich immer weiter aus, die Ströme der Zuwanderer schwellen ungehindert an – alle politischen und administrativen Bemühungen bleiben angesichts derartig massenhafter Bevölkerungsbewegungen zum Scheitern verurteilt.

Man muß hier also jenseits der politischen Ordnung selbst, wie auf einer anderen Landkarte, nach den Gründen suchen, welche die Zahl der Einwohner, das Ausmaß ihrer räumlichen Annäherung verändern. Natürlich haben diese Tatbestände politische Auswirkungen. Aber sie entstehen, sie verändern sich unter der Einwirkung von Ursachen, die Bevölkerungen überhaupt anwachsen oder schrumpfen lassen. Zentralisierte, dezentralisierte Staaten: wir haben als Grund für diese Unterschiede zunächst das Ausmaß der Annäherung, der Vereinheitlichung von Gebieten, von Landstrichen ansehen wollen, die dann ganze Staaten bilden. Aber steht dieses Merkmal nicht selbst in Beziehung zum Anwachsen einer nationalen Bevölkerung? Ende des 18. und Anfang des 19. Jahrhunderts war die französische Bevölkerung um einiges zahlreicher und dichter als die englische oder deutsche. Sicher kann diese Ungleichheit auch mit institutionellen Verschiedenheiten zusammenhängen: in England etwa hatte die Einfriedung der Grundbesitze zu einer Ausdehnung des Weidelandes geführt, und damit zu einem Rückgang des Getreideanbaus und einer Verknappung der Grundnahrungsmittel. Dies war hier allerdings nur eine mittelbare und ungewollte Folge der Gesetzgebung: im 18. Jahrhundert waren alle Staaten populationistisch, versuchten ihre Einwohnerzahl zu vergrößern. Manche aber stießen an festgefügte demographische Formen, sahen sich einer Geburtenhäufigkeit und Sterblichkeit gegenüber, auf die sie nicht den geringsten Einfluß hatten. Anderen kamen bestimmte Umstände, Bevölkerungsbewegungen zugute, an deren Entwicklung sie keinen Anteil hatten: seien es äußere Kräfte, die demographische Stärke oder Schwäche der Nachbarländer, sei es, auf eigenem Gebiet, ein Geburtenschub, der die durch Kriege, Hunger und Elend verursachten Sterbefälle ausglich. Wenn es zwischen den verschiedenen Ländern des Deutschen Reiches oder denen der Vereinigten Staaten dauerhafte Trennungen gibt, die sehr gut die Grundzüge ihrer politischen Verfassung erklären, ergeben sie sich nicht vor allem aus der Entwicklung und den Bewegungen ihrer Bevölkerung? Jedenfalls bestehen hier sehr wesentliche Unterschiede im Hinblick auf die Bevölkerungsdichte, die Verbreitung einer Verkehrswirtschaft.

Die großen Mächte des politischen Lebens schaffen also nicht überall und nicht allein jene Formen, in denen sie sich verkörpern. Zweifellos erklärt sich die Lage von Militärkommandanturen oder Justizpalästen zunächst oft durch historische und technische Gründe. Aber auf lange Sicht werden solche Einrichtungen der staatlichen Gewalt an Orten entstehen, die im Verhältnis zur räumlichen Verteilung der Bevölkerung tatsächlich bedeutsam sind. Nun können diese Gruppen allerdings ihren Umfang und ihre Struktur ändern, unter dem Einfluß von Kräften, die das Wachstum und die wesentlichen Züge des Bevölkerungsverhaltens allgemein bedingen. Sehen wir uns die räumliche, die äußere Gestalt von Militär und Justiz an. Kriege sind nicht nur eine Sache von Diplomatie und Strategie. Wir kommen hier auf ein Gebiet, das uns jenen ursprünglichen Bedingungen näher bringt, im Rahmen derer die Menschen um die Aneignung des physischen Raumes ringen. Sterblichkeit und Fruchtbarkeit, der Umfang von Bevölkerungen, Verkehrswege, Wanderungsbewegungen, die Entstehung von Ballungsgebieten, all dies ist hier von ganz wesentlicher Bedeutung. Kaum erstaunlich also, daß die allgemeinen, räumlichen und zeitlichen Bedingungen der militärischen Organisation in engem Verhältnis zu einfachen und schlichten Tatsachen des Bevölkerungsverhaltens stehen. Die Kräfte, welche Kriege befördern und über ihren Ausgang bestimmen, liegen deshalb oft im Dunkeln, weil sie sich, wenigstens zu Teilen, mit demographischen Entwicklungen vermischen, die von Militär und Politik kaum verstanden werden. Der wilde Ansturm jener fremden Haufen, die während ihrer Eroberungszüge aus dem Norden Europas in Wellen einfielen, müßte sich dann durch das Schwinden der Nahrungsgrundlagen immer dichterer Bevölkerungen erklären. Das Wehrpflichtigenheer zu Ende des ersten Empire konnte auf eine männlichen Bevölkerung zurückgreifen, deren älteste Gruppen aus verschiedenen Gründen stark geschwächt waren.

In früherer Zeit herrschte, wie Durkheim gezeigt hat, das strafende Recht: Gottesurteile, Folter, grausame Unterdrükkung jedes Verstoßes gegen die gemeinen Sitten. Immer stärker hat dann die bürgerliche Gerichtsbarkeit, das Vertragsrecht Fuß gefaßt: lange Verfahren, Hauptverhandlung, Verteidigung, Berufung, Vergleich. Dies Bild hat sich also zur selben Zeit geändert, als man die Zahl der Gerichte anwachsen, die Gesetzbücher an Umfang zunehmen, die Rechtslehre Blüten treiben sah. Aber weshalb? Weil in größeren und dichter bevölkerten Gesellschaften die einzelnen Belange, die gesellschaftlichen Tätigkeiten, die unterschiedlichen Lebenslagen immer vielfältiger geworden sind. Wieder also zunächst Bevölkerungstatbestände, auf welche die politische Ordnung nicht den geringsten Einfluß hat, selbst wenn sie in eben jenen Gruppen entstehen, auf die sie sich erstreckt.

Politische Gebilde, das hat Siegfried anhand einer Auswertung des Wählerverhaltens in Ostfrankreich schön gezeigt, stehen nicht zuletzt mit traditionellen oder moderneren Siedlungsweisen der Menschen in Verbindung, mit der Mobilität von Gruppen, der Intensität des städtischen Lebens. Fischer und Seeleute an den Küsten, Arbeiter in den Werften, den Häfen, den Fabriken, Bauern, verstreut in weiter Landschaft, Heide, Sumpfgebiete, Wälder: so viele verschiedene Arten der Besiedlung, des Verkehrs in diesen von äußeren Einflüssen ganz ungleich betroffenen Gruppen. Gerade auch dies gilt es hinter dem dauerhaften Widerstreit politischer Neigungen wahrzunehmen.

Und so handelt die politische Morphologie, ein entscheidendes Kapitel der Wissenschaft von den politischen Institutionen, über ihren materiellen Aspekt, über die Art und Weise also, wie sie durch jene Gruppen von Menschen wahrgenommen werden, die ihren Fortbestand sichern. Doch wieder können diese Gruppen auch für sich selbst in den Blick genommen werden, in Absehung von einem politischen Leben, in das sie einbezogen sind. Es scheint uns dann, als würden sie von anderen Strömungen erfaßt, solchen, die den materiellen Formen der Bevölkerung ihren Stempel aufdrücken, und deren Gesetze sich auf alle menschlichen Gesamtheiten erstrecken, die im Raum beschlossen sind.

Ökonomische Morphologie

In der Welt des Wirtschaftens richtet sich die Tätigkeit des Menschen unmittelbar auf die Materie, stärker als in Religion und Politik stößt hier das menschliche Denken und Handeln auf den Widerstand der Dinge: es muß sich auf bestimmte Gegebenheiten einstellen, die Erreichbarkeit von Rohstoffvorkommen, die Verfügbarkeit von Kraftstoffvorräten, Verkehrsmitteln, die Lage von Fabriken und Warenhäusern. Deshalb sehen wir dort auch Gruppen entstehen, die sich derart voneinander unterscheiden, als bildeten sie in gewisser Weise die Gestalt der Einrichtungen des Wirtschaftslebens nach, als schmiegten sie sich an Unternehmen, Lagerhäuser, Märkte.

Beschäftigen wir uns zunächst mit der Gütererzeugung und dann mit ihrer Verteilung. Simiand hat hier Produktionsregime und Produktionsformen unterschieden: Produktionsregime umfassen all jene Regelungen, welche die Rechte und Pflichten an der Gütererzeugung beteiligter Menschen bestimmen: Sklavenarbeit, Frondienste für Grundherren und Klöster, Zünfte der Handwerker und Kaufleute, kapitalistische Unternehmen, Genossenschaften, Staat. Produktionsformen bezeichnen umgekehrt die technischen Bedingungen der Gütererzeugung und die Größe der wirtschaftlichen Einheiten. Nun können sehr unterschiedliche Produktionsregime der selben Verteilung von Menschen im Raum entsprechen: es kann etwa in bestimmten Gewerbezweigen schon eine kapitalistische Wirtschaftsweise bestehen, selbst wenn die alten Berufe immer noch an den selben Orten und in den selben Räumlichkeiten ausgeübt werden. Doch Lohnarbeiter haben nun die Handwerker ersetzt, oder Handwerker sind zu Lohnempfängern geworden. Es ist zudem bekannt, daß man in den Anfängen des Kapitalismus Garn und Tuch auf dem Lande, in kleinen, heimischen Werkstätten hergestellt hat, in sehr dünn besiedelten Gebieten. Wenn nun also Produktionsregime offensichtlich, jedenfalls nicht in eindeutiger und beständiger Art und Weise, mit dieser oder jener Struktur der Bevölkerung in Verbindung stehen können, sollte man sich vielleicht eher an die Produktionsformen halten.

Zunächst die Technik. Meist stellt der einzelne Jäger seiner Beute nach, doch es gibt auch Jagden und Fischzüge, bei denen die Menschen gezwungen sind, sich wenigstens für eine gewisse Zeit zu versammeln, bei einer wildreichen Stelle, an einem ergiebigen Fischgrund. Ähnlich, wenn man das Land in der Erntezeit oder während der Weinlese durchwandert, wenn man das emsige Treiben auf einem Bauernhof verfolgt. Oder auch wenn man ein Bergwerk besucht, ein Hüttenwerk, eine Weberei, eine Druckerei, eine Schuhfabrik. Bauern und Arbeiter bilden hier Gruppen um bestimmte Produkte oder Maschinen, bedienen bestimmte Vorrichtungen und Anlagen, wie wenn sie mit ihnen eins würden: Werkgruppen, einheitliche, ineinander verzahnte Fertigungsabläufe, immer wieder die selben Handgriffe, ein sich immer weiter ergänzender, gemeinsamer Arbeitsfortgang. Doch diese Annäherung aufgrund technischer Erfordernisse läßt keine wirklich sozialen Gruppen entstehen. Jede Bahn eines Weizenfeldes zieht eine Reihe Schnitter neben sich auf, jeder Stollen eines Bergwerkes, jede Werkhalle umfaßt eine Schichtmannschaft. Um die Maschinen bilden sich, wie Zellhaufen, Gruppen von Arbeitern. Aber all dies stiftet keine festen, keine wirklich menschlichen Beziehungen zwischen ihren Mitgliedern. Eine Arbeitstruppe vereint bloße Lebewesen und ihre körperlichen Anstrengungen im Hinblick auf ein unmittelbar materielles Ergebnis: dies ist keine echte Gesellschaft.

Verlassen wir also den Bereich der Technik und sehen stattdessen auf die Größe, auf die räumliche Ausdehnung dieser Unternehmungen in Handel, Gewerbe, Landwirtschaft, auf die Masse der Menschen, die sich um sie anordnen. Denn hier befinden wir uns im Herzen der ökonomischen Morphologie. Schon die bäuerlichen Landstriche weisen eine Beziehung auf zwischen der Größe der Dörfer und der Ausdehnung der bewirtschafteten Bodenflächen. Ob die Häuser verstreut oder zusammendrängt sind, sie suchen die Nähe des Bodens, bilden dadurch klar unterscheidbare Einheiten. Und innerhalb jeder dieser Einheiten besteht ein Gemeinschaftsleben. Diese Formen sind beständig: der Bauer bleibt in seinem Dorf, jeden Tag, jeden Monat, über all die Jahre hinweg. Ebenso ordneten sich die verschiedenen Berufe in den Städten früherer Zeit an, nach Vierteln, nach Straßen. Handwerker und Kaufleute drängten sich innerhalb der Stadtmauern. Die Stadt füllte sich an Markttagen mit Menschen, fremden Händlern, Käufern aus dem Umland. Aber sie behielt ihre Form, verblieb am selben Ort. Die Großindustrie, die immer mächtigeren Unternehmen schließlich haben eine stetig wachsende Bevölkerung angezogen, Arbeiter, die sich in ihrer Nähe niederließen.

Große, mittlere Unternehmen, kleines Gewerbe: dies sind die wesentlichen, wirklich sozialen Formen der Gütererzeugung, Ursache für dauerhafte Gruppenbildungen unterschiedlichen Ausmaßes und unterschiedlicher Dichte. Die alten Städte wachsen an, ihre Bevölkerung nimmt zu, Vorstädte bilden sich jenseits der alten Grenzen, unregelmäßige Auswüchse, die sich durch den Zuzug aus dem Umland rasch vergrößern, Menschen aus den kleinen, mehr oder weniger nahe gelegenen Dörfern. Neue Siedlungen entstehen im Umkreis von Großunternehmen, tauchen in bis dahin ländlichen, wenig bevölkerten Gebieten auf: Bergarbeitersiedlungen, Arbeiterstädte, deren Anlage oft künstlich wirkt, wie aus dem Stehgreif geschaffen. Diese neuen Menschenansammlungen scheinen dort, und in solchen Formen, nur deshalb vorhanden, weil sie wie ein Nährboden sind, in dem die Großindustrie ihre Wurzeln austreiben kann.

Tatsächlich läßt sich die moderne industrielle Organisation nur verstehen, wenn man sich Rechenschaft darüber ablegt, wie viele Menschen solche Unternehmen beschäftigen und welche Menschenmassen nötig sind, um ihre Erzeugnisse aufzunehmen. Produktionsformen sind also ein Aspekt des Wirtschaftslebens, den man als solchen untersuchen kann, und jene Tatbestände des Bevölkerungsverhaltens, die mit der Entwicklung der Großindustrie in Zusammenhang stehen, lassen sich zweifellos in ökonomische Ausdrücke übersetzen. Wir denken dabei zunächst an den Umfang der verfügbaren Arbeitskräfte, an die zahlenmäßige Bedeutung bestimmter Käuferschichten. Und wir werden auch untersuchen, wie ihre Ballung oder Streuung, ihre Wanderungsbewegungen den Tausch von Waren und Diensten beeinflußt. Angebot und Nachfrage, Angebot von Arbeitskräften, Nachfrage nach Gütern, derart bedeutende Größen im heutigen Wirtschaftsleben, sie stehen in enger Beziehung zum Umfang der Bevölkerung, der Art ihrer Zunahme oder Abnahme, ihrer Dichte und Ballung. In diesem Sinne ist die ökonomische Morphologie ein Bestandteil des soziologischen Gegenstandsbereichs, der von Tatbeständen der Gütererzeugung und des Güterverkehrs handelt.

Es bleibt allerdings zu fragen, ob diese ökonomische Ordnung selbst die Macht besaß, jene Menschen hervorzubringen, derer sie bedurfte, oder ob sich nicht im Gegenteil die industrielle Produktionsweise zuerst an Bevölkerungstatbestände anpassen mußte, ob sie sich nicht gerade dort entwickelt hat, wo sie ausreichend Arbeitskräfte und Abnehmer für ihre Erzeugnisse vorfand, Voraussetzungen für ihren Vormarsch, Verkehrsmittel und Verkehrswege, Häfen, große Städte. Wir werden später noch darauf zurückkommen. Es genügt hier zunächst der Hinweis, daß die demographische Entwicklung und Veränderungen der Struktur ländlicher und städtischer Gruppen, die den Übergang zur Großindustrie begleiteten, ebensogut auch für sich betrachtet werden können, als reine Tatbestände des Bevölkerungsverhaltens.

Denn nichts hindert an der Vermutung, daß die Bevölkerung selbst durch einfache Wanderungsbewegungen angestiegen, und daß dieser Anstieg, statt eine Auswirkung der industriellen Entwicklung zu sein, vielmehr eine ihrer Bedingungen gewesen ist. Wie konnten die Griechen und Römer im Altertum mit ihren einfachen technischen Mitteln derart viele Güter erzeugen, eine so beachtliche landwirtschaftliche und gewerbliche Tätigkeit entfalten, ohne auf Sklavenarbeit zurückzugreifen? Nur durch Krieg und Eroberung, also eine umfangreiche Ausbeutung der demographischen Ressourcen fremder Völker ließ sich ihre Sklavenbevölkerung erhalten, war man in der Lage, jene Lücken zu schließen, die eine hohe Sterblichkeit und härteste Lebensbedingungen dort aufreißen mußten. Und auch die Baumwollpflanzungen in Amerika konnten nur mit Hilfe der farbigen Sklaven bewirtschaftet werden. Japan etwa verfügt über ein reichliches Arbeitskräfteangebot, weil seine Bevölkerung in kurzer Zeit stark angestiegen ist. Die Ursache dieser starken Geburtenüberschüsse hat man aber vielleicht eher in Besonderheiten seiner gesellschaftlichen Einrichtungen und Sitten zu suchen, die nicht grundsätzlich ökonomischer Natur sind.

Nachdem also die selben demographischen Erscheinungen aufgrund sehr verschiedener Umstände entstehen können, durch Eroberungen oder Wanderungszüge ebenso wie durch den Wandel der industriellen Organisation, kann das Besondere an diesen Umständen nicht als wirklicher Grund einer solchen Entwicklung gelten. Diese muß, auch wenn sie offensichtlich in engem Zusammenhang mit industriellen Umwälzungen zu stehen scheint, von ihnen gelöst und in den Umkreis der Tatbestände des Bevölkerungsverhaltens zurückversetzt werden. Denn sie verweist auf einen eigenen Gegenstand: auf die allgemeine Untersuchung der städtischen Bevölkerungszunahme, der Wanderungsbewegungen, der Geburtenentwicklung.

Nun besitzt aber auch die Vermögensverteilung einen morphologischen Aspekt. Wir können als Formen der Vermögensverteilung jene unterschiedlichen Gruppen fassen, in welche sich die Menschen nach der Höhe ihres Einkommens gliedern, das heißt also: ökonomische Klassen. Auf dem Land wie auch in der Stadt kreuzen sich die Wege dieser Menschen, in den Gassen, den Straßen, auf dem Markt. Bisweilen wohnen sie in der Nachbarschaft , manchmal auf dem selben Hof, im selben Wohnhaus. Und doch herrschen in jedem Landstrich, in jeder Stadt, in jedem Viertel bestimmte Klassen vor: sie prägen dem Teil der Erde, auf dem sie sich niederlassen, in gewisser Weise ihr Zeichen ein, derart, daß man selbst in einem anderen Land auf den ersten Blick erkennt, ob es reiche, eher genügsam oder aber im Elend lebende Menschen sind, die ihn bewohnen, ganz so, wie sich in einer Großstadt dem bloßen Augenschein nach die wohlhabenden und armen Viertel unterscheiden. Dieser oberflächliche Blick des Fremden wird dann genauer, das Urteil abgestufter, wenn man mit den Örtlichkeiten vertraut ist, wenn man die Gepflogenheiten des Wohnens und des gesellschaftlichen Umgangs ihrer Bewohner kennt.

In der Tat läßt sich sagen, daß in dem Maße, wie die Mitglieder einer selben Klasse solch gesellschaftlichen Umgang pflegen, jeder dieser Klassen ein bestimmter Teil des Raumes entspricht, welcher die Gesamtheit der Örtlichkeiten einbegreift, an denen sie beheimatet ist – eine im Denken ihrer Mitglieder nur sehr unscharf abgegrenzte Gesamtheit, die aber deshalb nicht weniger Realität besitzt. Dazu gehören auch, früher zweifellos sehr viel bedeutender als heute, jene mehr oder weniger öffentlichen Orte, bestimmte Geschäfte, Theater, Promenaden, Gärten und Parkanlagen, die Sommerfrische, gewisse Hotels, wo man häufiger Menschen seiner Klasse traf. Es gibt aber auch jetzt noch Landstriche und Städte, die in dieser Hinsicht ganz eigentümliche Züge tragen, reiche Städte, prachtvolle Viertel und Straßen, und die Städte und Viertel, die Vorstädte der Arbeiter, der Armen. Diese Unterschiede verwischen sich bisweilen, aber sie sind dennoch vorhanden. Es gibt Reiche, vor allem Kinder aus reichen Elternhäusern, die überhaupt nicht wissen, wie die Arbeiter wohnen, und die Armen wagen sich nie in reiche Viertel. Klassen haben zumindest eine Neigung, sich im Raum voneinander abzugrenzen.

Tatbestände dieser Art stehen in enger Beziehung zum Wirtschaftsleben und helfen es besser verstehen: sie ergeben sich aus einer Verschiedenheit der Lebenshaltung, der Lebensstellung, der Lebensweise. In jeder dieser gesellschaftlichen Gruppen besteht ein Zug hin zur Vereinheitlichung von Bedürfnissen, Geschmäcken, Sitten, auf einer Höhe der Lebensstellung, die nicht mehr dieselbe ist, sobald man von einer in die andere Klasse kommt. Die Entwicklung verschiedener Gewerbezweige, des Angebotes von Lebensmitteln, von Luxusartikeln und der damit erzielten Preise, dies alles hängt ab von der unterschiedlichen Bedeutung dieser Klassen. Und es folgen ebenso die Ströme des Tauschverkehrs, der Umfang bestimmter Geschäfte auf diesen oder jenen Märkten einer lokalisierten, einer qualifizierten Nachfrage: Käufern von Waren, von Kleidern und Möbeln, welche die Bedürfnisse solcher auf der gesellschaftlichen Stufenleiter mehr oder weniger hoch angesiedelten Kreise befriedigen.

Und so füllen dann in einem Land, in dem der alte Geburtsadel und das Geldbürgertum unerwartet von einer Wirtschaftskrise erfaßt oder langsam untergraben wurde, allenthalben Bilder, Schmuck, alte Möbel, kostbare Bücher die Antiquitätengeschäfte, die Auslagen von Goldschmieden und Juwelieren, die Schaufenstern von Trödlern, die Vitrinen von Kunsthändlern, eine Entwicklung, die vielleicht auch erklärt, daß sich in den neuen, aufsteigenden Klassen, wie sie immer wieder entstehen, die Vorliebe für derartige Antiquitäten, kostbare Möbel, Kunstsammlungen so schnell ausbreitet. Umgekehrt kann es geschehen, daß wenn sich die Lebenshaltung einer Gruppe, deren Mittel bis dahin begrenzt waren, nachhaltig und dauerhaft bessert, das Auftauchen neuer Bedürfnisse dem Wachstum bestimmter Gewerbezweige entspricht, die sie befriedigen. Mit dem beträchtlichen Anstieg der Löhne in den Vereinigten Staaten seit dem Krieg haben sich die amerikanischen Arbeiter, anstatt mehr für Lebensmittel auszugeben oder in bessere Wohnungen zu ziehen, die Erfindungen der modernen Technik zu eigen gemacht, Automobile, Motorräder, Radios, Staubsauger, elektrische Bügeleisen. und nicht zuletzt diese gestiegene Nachfrage bereitete dem Siegeszug jener mechanisierten Industriezweige den Weg, die all diese Gegenstände massenhaft herstellen.

So hängen also Landwirtschaft, Gewerbe und Handel auch von Bewegungen ab, durch die sich soziale Klassen verändern und erneuern. Was sind solche Klassen für den Ökonomen anderes als Käufergruppen, die bestimmte Geschäfte bevorzugen, die sich, wie an den Eingängen eines Theaters der Andrang der Zuschauer, in große Ströme teilen, jene, die Logen wünschen oder Parkettsitze, und andere die einfachen Ränge besetzen? Doch diese Gruppen haben feste Umrisse, diese

Ströme haben eine Richtung und Gestalt: nur wenn man sie von Nahem untersucht, läßt sich Wesen und Ausmaß des wirtschaftlichen Handelns in einer Gesellschaft verstehen.

Die Teilung der Klassen und ihre Verteilung im Raum hat aber noch eine andere Seite. Im Bürgertum, in den Mittelklassen, in der Arbeiterklasse, in jeder für sich genommen, vereinheitlichen sich neben Bedürfnissen und geschmacklichen Vorlieben auch die Sitten, Verhaltensregeln, Vorstellungen. Dies hat in jeder dieser Klassen ganz zweifellos eine je eigene Häufigkeit der Sterbefälle und Geburten zur Folge, beide das Ergebnis einer bestimmten Lebensführung. Sicher muß jede Klasse als Gesamtheit verschiedener gesellschaftlicher Kreise angesehen werden, deren Gewohnheiten nicht immer die selben sind. Es gibt dort zweifellos eine Aufeinanderfolge wenig scharf umrissener Einzugsgebiete, die alle Abstufungen einer in den jeweiligen Klassen vorherrschenden Moral verkörpern. Auf der anderen Seite ändern sich die Sitten im Laufe der Geschichte, auch die demographischen, und hier beginnen sich viele Unterschiede zwischen den Klassen einzuebnen. So setzt man mittlerweile in bestimmten Teilen der Arbeiterklasse im Durchschnitt nicht mehr Kinder in die Welt als in besser gestellten Schichten. Dennoch bleibt es eine Tatsache, daß sich die Geburtenhäufigkeit lange nach der Höhe des Einkommens unterschieden hat. Wenn man nach den Ursachen der Entvölkerung im alten Rom sucht und sich fragt, welche Bedeutung dort die Sklaverei hatte, stellt man fest, daß die Fruchtbarkeit bei den Sklaven niedriger war als in anderen Klassen. Und in unseren Tagen weicht die Geburtenhäufigkeit in den verschiedenen Pariser Stadtvierteln, wenn man sie nach dem durchschnittlichen Steueraufkommen oder nach der Höhe der Mieten einteilt, deutlich voneinander ab. Das heißt aber, daß eine Gruppe je nach ihrer sozialen Zusammensetzung mehr oder weniger schnell anwächst, sich nur so weit erneuert, daß ihr Bestand gesichert wird, oder aber schließlich, nach und nach, in Bedeutungslosigkeit versinkt.

Wenn also soziale Klassen derart ungleich in der Lage scheinen, sich auszubreiten oder auch nur ihren Bestand zu wahren, ist dies eine Wirkung der Gesetze des Bevölkerungsverhaltens im Allgemeinen. Weshalb weist eine geschlossene Kaste oder auch der Blutsadel, wie man bisweilen festgestellt hat, eine so geringe Geburtenhäufigkeit auf, weshalb müssen sie oft neue Mitglieder aufnehmen, um ihren Bestand zu sichern? Weil Heiraten dort weniger zahlreich und die Verbindungen weniger fruchtbar sind. Doch dies wäre ohne Zweifel in jeder gleichzeitig endogamen und begrenzten Klasse der Fall. Soziale und ökonomische Gründe können hier erklären, daß eine Gruppe wächst oder abnimmt, und immer läuft es auf die Behinderung von Heiraten, von Zeugungen hinaus, ebenso wie physische Hindernisse, die sich ihrer räumlichen Ausbreitung im Raum entgegenstellen oder ihre Lebensgrundlagen begrenzen. Auch sie also lassen sich innerhalb der Gesamtheit der Tatbestände des Bevölkerungsverhaltens einteilen und einordnen.

Ein weiterer morphologischer Aspekt sozialer Klassen: ihre materielle Anordnung, ihre Verteilung und Bewegung im Raum. Die industrielle Ordnung setzt ausgedehnte und hinreichend dichte besiedelte, setzt städtische Ballungsgebiete voraus. Nun wird aber jedem, der die Viertel einer großen Stadt durchstreift, wohl auffallen, daß sich jedes einzelne von allen anderen durch die gesellschaftliche Stellung seiner Bewohner unterscheidet, gleichzeitig aber auch durch die Art ihrer Verteilung: überfüllte Wohnblöcke, einzelne kleine Häuschen oder Häuser, die sich in die Lücken zwischen den alten Vierteln drängen, zwischen Eisenbahngleise, in der Nähe der Fabriken sammeln, in den Randgebieten, nicht mehr in der Stadt und noch nicht auf dem Land. Tatsächlich zeigt jede wachsende Stadt eine räumliche Abfolge, ein Nebeneinander von Gruppen, die oft ebenso vielen ökonomischen Klassen entsprechen.

Aber besitzen derartige städtische Strukturen und die räumlichen Bewegungen, aus denen sie sich ergeben, nicht eine eigene Realität, jenseits der Unterschiede, die sich zwischen den sozialen Klassen zeigen? Kommen wir hier nicht erneut in den Bereich der Bevölkerungstatbestände? In jenen Menschen, die nur über bescheidene Mittel verfügen, denen nur niedere Tätigkeiten offenstehen, werden wir in vielen Fällen Einwanderer wiedererkennen, die sich vom Land in die Stadt aufgemacht haben, die aus fremden Ländern, oft übers Meer gekommen waren. Halten wir uns an die demographischen Merkmale des Einwanderers als solchem. Losgelöst von ihrer ursprünglichen Gruppe, von ganz anderen Siedlungsweisen und Wohnverhältnissen geprägt, dem seßhaften Leben entfremdet, bilden sie zunächst jene nicht assimilierbare Masse der großen Städte, in deren Leben sie nie wirklich eintauchen, von denen sie nur die großen bevölkerten Straßen kennen. Und auch in Europa ziehen während Zeiten hoher Arbeitslosigkeit ganze Ströme der erwerbslosen Bevölkerung in die Großstadt, Getriebene, die dort nie wirklich heimisch werden.

All diese Erscheinungen entsprechen sehr wohl verschiedenen demographischen Strukturen, die man beschreiben und erklären kann, ohne unbedingt die ökonomische Lage der Menschen berücksichtigen zu müssen. Seßhafte Bevölkerungen, Sippen, die seit Beginn ihrer Ansiedlungen einen Boden bewirtschaften, der seit jeher vom Vater auf den Sohn überging, wandernde Bevölkerungen, die sich nirgendwo lange niederlassen, beseelt von einer Art ständigem Bewegungsdrang: zwischen diesen beiden äußersten Fällen gibt es mannigfache Zwischenstufen. Städtische Siedlungen entstehen aus dem Nebeneinander von Gruppen, deren Bereitschaft, sich erneut in Bewegung zu setzen, ganz unterschiedlich ausgeprägt ist. Soziale Klassen sind nicht nur Gesamtheiten, deren Geburtenhäufigkeit, deren Sterblichkeit, deren Heiratsverhalten sich unterscheidet. Sie weisen auch eine eigentümliche Art und Weise ihrer räumlichen Anordnung auf, ihrer Ausdehnung, der Häufung oder Verstreuung ihrer Mitglieder auf dem Angesicht der Erde, und eine bestimmte Art und Häufigkeit ihrer räumlichen Bewegung. All dies sind Tatbestände, die unmittelbar mit der Bevölkerungswissenschaft in Beziehung stehen.

Religiöse, politische, ökonomische Morphologie: wir durchmessen damit schon ein weites Feld des gesellschaftlichen Lebens. Aber was wir hier sagen können, gilt auch für alle anderen Gruppen. Jules Romains hat uns jene flüchtigen Ansammlungen mit fast soziologischem Blick beschrieben, die sich in den Straßen unserer Städte beobachten lassen, Trauerzüge, Kundgebungen, ein Auflauf Schaulustiger, Schlangen am Eingang eines Lichtspielhauses, Fahrgäste, die auf einen Autobus warten: an diesen kollektiven Formen, bereit, sich umgehend aufzulösen, ist nur der Körper sichtbar, die Seele unstet, wenig beständig. Doch eine Gesellschaft, auch eine Gesellschaft von Heiligen oder Philosophen, ist niemals eine des reinen Geistes: sie besitzt einen Körper, selbst wenn sie ihn verneint, sich von ihm zu lösen versucht. Es läßt sich vielmehr sagen, daß diese Seele fest mit ihrem Körper verbunden, wie verschraubt ist, gleich einer Familie oder einer Nation, stolz auf ihre Herkunft und Überlieferung, im ganzen Vertrauen auf ihre Zukunft, aber auch: ihres Gebietes sicher. Jedenfalls fehlt in der Tat ein Körper nie: alle sozialen Gruppen nehmen einen Platz im physischen Raum ein, und sie umfassen Lebewesen, die physischen Kräften, den Kräften des Körperlichen unterworfen sind.

Es ist richtig, daß dieser materielle Aspekt des sozialen Lebens mehr oder weniger deutlich hervortritt: er scheint verschwommen in religiösen Gesellschaften und bleibt dennoch ebenso real, er ist ausgeprägter in den politischen Ordnungen und mehr noch in der Welt der Schaffung gesellschaftlichen Reichtums. Der Widerstand, den das Stoffliche dem Streben der Menschen entgegensetzt, wächst in dem Maße, wie sich ihr Denken zunächst der räumlichen Umgebung bemächtigt, um dort ihren Ort zu bestimmen, dort ihr Leben nach einheitlichen Regeln zu ordnen, vor allem aber, um ihre Macht über die Dinge selbst ausüben zu können. Doch es gäbe nie jenes Einvernehmen im Handeln der Menschen, keine Dauerhaftigkeit ihrer geteilten Gedanken und gemeinsamen Einrichtungen, wenn sie nicht bestimmte feste und beständige Lebensweisen annehmen würden, die zu ihrem Tun im selben Verhältnis stehen wie die materielle Grundlage eines Organs zu seinen Funktionen. Genau dies ist nun aber der Gegenstand der sozialen Morphologie.

In dieser Hinsicht erscheinen uns die räumlichen Formen des kollektiven Lebens zunächst als notwendige Bedingungen eines Konformismus, einer Uniformität in Raum und Zeit, Formen, deren Ausdehnung, deren Stärke sich tatsächlich messen läßt. Die Zahl der Gläubigen, der Raum, den ihre Gruppen, ihre mehr oder weniger festen Gestaltungen einnehmen, das dichte Gefüge der Kirchenverwaltung: all dies verschafft uns zwar nur einen ersten, aber doch vielsagenden Überblick über den konfessionellen Betrieb. Und die selben Züge, wenn wir sie am politischen Körper beobachten, lehren uns etwas über seinen Zusammenhalt, darüber, an welchen Stellen die Rechte und Pflichten der Bürger in diesem Körper anerkannt, bestätigt, durchgesetzt werden, welcher Gemeinschaftsgeist das ganze Land durchströmt oder die großen öffentlichen Tätigkeiten beseelt und erhält. Schließlich lassen sich auch im Wirtschaftsleben die unterschiedliche Größenordnung von Unternehmen, der Umfang, die zahlenmäßige Bedeutung, die Verteilung sozialer Klassen erkennen: wir werden dann wissen, wie die Schöpfung und Verteilung von Reichtum innerhalb einer Gesellschaft verfaßt ist. In jedem besonderen Bereich menschlicher Tätigkeiten errichtet so das soziale Handeln Strukturen, auf die es sich ebenso stützt wie auf eine Ordnung wohl abgestimmter Gewohnheiten. Diese Formen, in welche sich die Gesellschaft kleidet, drücken sehr genau ihren Geist aus, denn sie entstehen aus ihren Neigungen, Gedanken, ihren Erfahrungen. Und gerade in ihnen zeigen sich am klarsten die Triebkräfte des gesellschaftlichen Handelns.

Morphologie der Großstadt

Die Bevölkerungswissenschaft wird sich nie damit begnügen können, ganz gleich, ob es nun um die gesamte Erde geht, um einen Erdteil oder ein Land, die bloße Zahl ihrer Bewohner zu erfassen. Entscheidend ist vielmehr zu wissen, auf welchem Gebiet sie sich verteilen. Man spricht dann von Bevölkerungsdichte und drückt diese Größe für gewöhnlich mit der durchschnittlichen Einwohnerzahl je Flächeneinheit aus oder umgekehrt der durchschnittlichen Fläche je Einwohner. Aber auch dieses Maß bleibt ungenügend. Denn tatsächlich gibt es in ein und dem selben Land oft genug bergige Gebiete, wenig bevölkert, weil sich der Boden kaum urbar machen läßt, neben anderen, über die sich große, dicht besiedelte Ballungsräume erstrecken. Die durchschnittliche Bevölkerungsdichte eines Landes bildet also niemals die demographische Wirklichkeit einzelner Landstriche ab. Allerdings lassen sich nun auch begrenztere und verhältnismäßig einheitliche Gebiete untersuchen, Abweichungen vom Durchschnitt berechnen. Wenn diese Abweichungen aber erheblich sind, ist dies ein Hinweis auf größere Unterschiede der Bevölkerungsverteilung, und nichts hindert uns daran, diesen Unterschieden selbst nachzugehen.

Denn allgemein gibt uns die Bevölkerungsdichte das Ausmaß der Annäherung nicht biologischer Organismen, sondern in Gesellschaft lebender Menschen an. Ein grundlegender Unterschied: in Gesellschaften unterscheiden sich die Gedanken, die Gefühle, das Handeln der Menschen danach, wie vielfältig und eng ihre Beziehungen sind. Zweifellos läßt sich sagen, daß mit zunehmender Dichte einer Gesellschaft, mit der zunehmenden Annäherung ihrer Mitglieder ganz ausgeprägte Tatbestände einer kollektiven Psychologie in Gang gesetzt werden. Wenn Menschen derart eng zusammenleben, ändern sich die Sterblichkeit, die Geburtenhäufigkeit, das Heiratsverhalten: sie fallen etwa in der Stadt und auf dem Land höchst verschieden aus. Zudem sind in einer dichten Bevölkerung die Wanderungsbewegungen häufiger, innerhalb des selben Landes und auch über seine Grenzen hinaus. Die Gesamtheit demographischer Tatbestände steht also mit der Bevölkerungsdichte, gleichzeitig Ursache und Wirkung, in engstem Zusammenhang.

Allerdings haben wir bereits gesagt, daß die Bevölkerungsdichte, auch statistisch, nur ein unvollständiger Ausdruck der Art und Weise bleibt, wie sich die Menschen auf einem Gebiet verteilen. Eine gegebene Bevölkerung kann auf dem selben Gebiet gehäuft oder verstreut leben und wir kennen verschiedenste Siedlungsweisen. Halten wir dabei zunächst Stadt und Land auseinander. In Frankreich nennt man die Bevölkerung von Gemeinden ländlich, in deren Grenzen weniger als zweitausend Einwohner leben. Vor fast einem Jahrhundert umfaßten sie drei Viertel der Gesamtbevölkerung, heute weniger als die Hälfte. Sicher eine beachtliche Veränderung. Aber was bedeutet dies für das Wachstum der Städte? Hat sich hier einfach nur die Zahl kleiner und mittlerer Städte erhöht, ohne daß sich ihre Größe veränderte? In diesem Fall müßte der Wandel der Siedlungsweise selbst begrenzt geblieben sein: zwischen einer Kleinstadt und einem größeren Dorf oder Marktflecken sind in dieser Hinsicht Unterschiede kaum spürbar. Oder sind es vor allem die Großstädte, denen diese Bevölkerungsentwicklung zugute kam?

In der Tat ist die Bevölkerung von Städten mit mehr als hunderttausend Einwohnern in Frankreich zwischen 1800 und heute von 800.000 bis auf sieben Millionen angestiegen, in England von einer auf 18 Millionen, in Deutschland von 300.000 auf zwanzig Millionen. In jungen Staaten umfaßt sie einen bedeutenden Teil der Gesamtbevölkerung, in Australien etwa lebt die Hälfte der Bewohner in nur sieben Städten und ein Drittel davon in den zwei Ballungsgebieten um Sydney und Melbourne. Weltweit zählt man nunmehr 31 Städte, deren Einwohnerzahl die Millionengrenze übersteigt.

Am bemerkenswertesten ist dabei nun allerdings das Erscheinen von Riesenstädten, acht Städte der Erde überschreiten schon die Grenze von 3 Millionen Einwohnern: New York mit nahezu sieben Millionen, Tokio mit fünfeinhalb Millionen, Paris mit seinen Vorstädten liegt sogar noch darüber, London und Berlin mit 4.200.000, Moskau mit 3.600.000, Schanghai und Chicago mit 3.300.000. Leningrad liegt nahe an drei Millionen. Von drei Millionen Einwohnern bis zu einer Million gibt es dann fast keine Übergänge, nur zwei Städte, Wien und Philadelphia, liegen dazwischen. Ganz augenscheinlich haben wir mit diesen gigantischen, kosmopolitischen Metropolen eine neue Art der Siedlungsweise vor uns, ohne jedes Beispiel in früherer Zeit. Es leben in diesen Städten, deren Einwohnerzahl die Grenze von drei Millionen überschreitet, zwar insgesamt nur vierzig Millionen Menschen, die gegenwärtige Bevölkerung Frankreichs. Doch die neuen Sitten und Lebensweisen, die dort entstehen, üben einen ganz außerordentlich starken Einfuß auf andere städtische Gebiete, selbst auf die ländliche Kultur aus. Diese neuen städtischen Gebilde haben die Lebensbedingungen in allen Bereichen des gesellschaftlichen Handelns, haben auch religiöse, politische, ökonomische Morphologie grundlegend verändert.

Zunächst die religiöse Morphologie. Im Altertum sind viele Städte um Heiligtümer entstanden, der Siedlungsort selbst, die Grenzen der Stadt, ihre Mauern, ihre wesentlichen Gliederungen waren sakraler Natur. Doch auch wenn in einige dieser Städte große Menschenmengen strömten, anläßlich von Festlichkeiten, Kampfspielen, Feiern, kultischen Versammlungen allgemein, geschah dies nur in zu bestimmten, wiederkehrenden Zeiten, in Delphi ebenso wie in Olympia oder Korinth. Man kam zu solchen feierlichen Umzügen aus allen Teilen Griechenlands, um dann wieder in die Heimat zurückzukehren. Delos, Sitz eines politischen Bundes zwischen den griechischen Völkern, war auch ein Handelsknoten zwischen Orient und Okzident. Es gab dort eine Synagoge ebenso wie einen ägyptischen Tempel und Heiligtümer der Italiker. Die Religion blieb anderen Mächten untergeordnet. Tatsächlich mischten sich in Griechenland und vor allem in Rom Politisches und Religiöses eng ineinander: man ersuchte die Magistrate um einen Schiedsspruch, wandte sich an die Kollegien um Rat, erhielt eine Weissagung. In dem Maße aber, wie konfessionelle Gruppen, insbesondere mit der Ausbreitung des Christentums, an Größe und Bedeutung gewannen, scheinen die Stätten des religiösen Geschehens zahlreicher, aber auch vielfältiger geworden zu sein. Heiligtümer, geweihte Orte, an die zu bestimmten Zeiten, wie ehemals, die Menschenmengen strömen. Aber dann auch, und dies ist vielleicht neu, jene Orte, an denen die hohen Würdenträger leben, das ganze religiöse Personal, dem nicht nur der Vollzug des Kultus, sondern auch die Verwaltung der Priesterschaft obliegt, die Aufrechterhaltung der Beziehungen zu allen Teilen des religiösen Universums. Sicher wird in einer Gesellschaft, die nur aus Gläubigen besteht, jede Stadt das eine wie das andere sein: Ort der religiösen Anbetung und Sitz des örtlichen Priestertums. Vor allem aber entsteht in größeren Städten eine Art religiöses Milieu, eine besondere spirituelle Atmosphäre, die, überall ähnlich, grenzüberschreitend, dazu beiträgt, die Einheit der Kirche zu sichern. Und hier fließt auch der Priesterschaft, dank ihrer Beziehung zu den politischen Gewalten, den höheren Schichten der Gesellschaft, gemeinsam mit ihnen, wachsende Autorität und bleibendes Prestige zu. Es ist dies eine der nachhaltigen Wirkungen der Stadt auf die religiöse Welt.

In dem Maße allerdings, wie die Bevölkerung anwächst, sich stärker verdichtet, fügen sich auch die Stätten der Religionsausübung einer neuen Struktur, mehr jedenfalls, als daß sie dazu beitragen würden, diese auszubilden. Die Kirche wird nationale Kirche vor allem unter dem Eindruck städtischer Schichten, sie verliert nach und nach ihre weltlichen Eigenschaften, ihren räumlichen Einflußbereich, den nun andere städtische Strukturen besetzen. Zweifellos hat sie innerhalb der Stadtmauern noch lange ihren eigenen Ort, ein Ort des Kultes, um die Kathedrale und die ihr angeschlossenen Einrichtungen, die Klostergebäude, die kirchlichen Hospize. Doch der Rest der Stadt gerät immer mehr unter die Herrschaft der Laien. Vor allem die Bevölkerungsströme vom Land in die Stadt entziehen sich ihrem Zugriff: es ist nicht die Religion, die sie nährt, sie antreibt. Und bald verwischt sich, geht der ursprüngliche Rahmen, der ihre Prägung trug, in diesen immer größeren, sich ständig verändernden Städten unter. Sicher besteht selbst dort ein religiöses Ordnungsgefüge weiter: zumindest seit 1622, als es zum Erzbistum erhoben wurde, gab es ein christliches Paris, das allein durch die Vielzahl und die Bedeutung seiner Bauwerke, Kirchen, Klöster, Schulen, nicht weniger als durch die Masse seiner Gläubigen, immer auch Mitte und Führungsmacht des religiösen Lebens in Frankreich war. Dennoch scheint es so, als ob sich die religiöse Stadt auf ihren engsten Kreis zurückgezogen hätte, auf bestimmte Viertel, deren Straßen, deren Häuser das Aussehen früherer Kleinstädte bewahren, andächtiger und weniger geräuschvoll, als ob diese Viertel selbst in der modernen Großstadt nur Ausläufer des Landes, Bindeglied zwischen Stadt und Land wären, soziale Strukturen, Siedlungsformen, die im Einklang mit früheren Überzeugungen, Sitten, Lebensweisen stehen. Derweil versucht die Kirche, sich diesem städtischen Leben anzupassen, richtet Jugendheime ein, versucht die Arbeiter zu erreichen, nimmt am gesellschaftlichen Leben der Vorstädte teil: es sind dies neue Tätigkeitsgebiete und Arten der Werbung, die nicht zuletzt auf ihren Geist und auch ihr ganzes Gefüge zurückwirken. Gleichwohl: die Religion erkennt sich, erkennt ihre Gestalt nicht mehr in jenen großen Städten, die letztlich unter anderen Vorzeichen, einem anderen Antrieb als dem ihren zur Blüte gelangten.

Über die Stadt als eine politische, als Einrichtung des öffentlichen Lebens, werden wir ähnliche Beobachtungen anstellen können. Denn vor allem als solche sind damals die Städte, im Gegensatz zum flachen Land, am Ende des Mittelalters entstanden. Der Bourgeois, Bewohner eines *bourg*, eines Marktfleckens: seine Stellung war durch Satzungen festgelegt, gekennzeichnet durch bestimmte Rechte und Vorrechte, er beteiligte sich an den städtischen Verwaltungsgeschäften, als Mitglied der Ratsversammlung, als Wähler oder Amtsinhaber, er gehörte zur Bürgerwehr. Die Stadt selbst gliederte sich in Viertel, Verwaltungseinheiten, die ihr eigenes Leben führten. Sie umgab sich mit einer Befestigungsmauer, bestimmte ihre

Grenzen. In diesen einmal zusammengefügten Rahmen gespannt, seinen Abmessungen verhaftet, mußte ein derartiges politisches Gebilde, in seiner beschränkten Gestalt, als solches seinen Bestand wahren, mußte vor allem den Zuzug von Ortsfremden eindämmen. Dennoch erwuchsen hier schon früh Unterschiede zwischen jenen frühen Städten mit ihrer selbständigen Verwaltung und anderen, größeren, die einer neuen politischen Herrschaftsordnung entsprachen, den Provinzstädten, mit ihren Parlamenten, dem Regierungssitz eines Gouverneurs, ihren großen militärischen Anlagen. Schließlich der Nationalstaat: es sind nun die Hauptstädte, in denen sich all dies vereint, sich nebeneinander die Paläste der Könige, die Residenzen der Fürsten, der höchsten Würdenträger wiederfinden, die obersten Gerichtshöfe, die Ministerien, später dann die Parlamente und der ganze, mächtig angewachsene Verwaltungsapparat. Neue städtische Strukturen also, die auf ein sehr viel stärker vereinheitlichtes politisches Leben antworteten, Strukturen, die nun größer, weiter angelegt sind. Sie entstanden fast zur selben Zeit, von einem Ende Europas zum anderen, wie wenn sich ein gemeinsamer Geist, befördert durch den Austausch von Gesandten, den gesellschaftlichen Verkehr von Fürsten und hochrangigen Beamten, dort niedergeschlagen hätte. Oft waren es künstliche, wie aus dem Boden gestampfte Gebilde, in jedem Fall die letzten Anstrengungen der Politik, den bewohnten Raum nach ihrem Bild zu gestalten: das Paris des Louis XIV oder Louis XV, das Paris Napoleons und seine anderweitigen Nachbildungen. Doch diese hochfahrenden, oft unvollendeten Vorhaben werden sich schließlich kaum mit jenen sehr viel größer angelegten Strukturen vertragen, die anderen Ursprungs sind und anderen Zielen dienen. Die politische, die Stadt der Regierung und Verwaltung, sie gibt es natürlich auch in den modernen Metropolen. Aber sie ist nur eine ihrer vielen Seiten, man muß sie suchen, um ihrer gewahr zu werden, meist beschränkt sie sich auf ein Viertel, ist nur eines der vielen Glieder des städtischen Körpers, und ihre Mitglieder leben verstreut: ein Bild der Politik selbst, die von anderen Strömungen mitgerissen oder überlagert wird. Während jeder dieser

Zustände ist auch das politische Denken durch solche städtischen Strukturen geprägt worden, mit denen es lange aufs engste verflochten war. Die Geschichte einer Stadt und ihrer Veränderungen, der Straßen, der Häuser, der Bevölkerung, sie kann von diesem einen Blickwinkel aus beschrieben werden: allein dies würde helfen, die Geschichte politischer Ordnungen besser zu verstehen.

Und schließlich gibt es auch eine ökonomische Stadt. Sie entsteht schon durch die bloße Notwendigkeit, den Grundbedürfnissen und auch der aufwendigen Lebensführung jener politischen oder religiösen Führungsschichten zu entsprechen, welche die ersten Städte schufen. Nach der Hauswirtschaft, der Grundwirtschaft, der Klosterwirtschaft, der Dorfwirtschaft entwickelt sich dann eine Wirtschaft der kleinen Marktflecken und ihres Umlandes, der Handwerkerstädte mit ihren ausgreifenden Handelsbeziehungen. Neben den Rathausplatz, den Kirchplatz schiebt sich nun der Markt, auf den die große Handelsstraße mündet, und auf sie die Straßen der Handwerker, die Straße der Gerber, der Tuchhändler: die verschiedenen Gewerbe werden sich als solche bewußt, fügen sich derart in den städtischen Raum ein. Die nahen Straßen, das ganze Straßennetz sind Ausdruck, wie das Bild einer Rangordnung der Zünfte und ihrer Beziehungen. Die Käufer fühlen ihrerseits, wenn sie die Auslagen betrachten, das Gewühl sehen, daß sie in den Bereich der Tauschwirtschaft gelangt sind, obwohl sie die Stadt nicht verlassen haben. Bürger, Edelleute, Menschen von hohem Stand, Handwerker und Händler, sie alle sind zu Käufern geworden, zu Beteiligten des Wirtschaftslebens. Immer weiter reichen bald die Tauschbeziehungen über die Grenzen des Marktfleckens und seines Umlandes hinaus, Handel und Gewerbe verzweigen sich immer mehr, die Städte beginnen, sich mit ganz bestimmten Erzeugnissen, als Handelssitz bestimmter Güter einen Namen zu machen. Neue Sitten verbreiten sich, neue Gruppen finden sich ein, oft Fremde, jedenfalls fremd in der Stadt, beanspruchen ihren Raum, es entstehen breitere Verkehrswege, man beseitigt die Befestigungsmauern, der engen Stadttore, legt großzügigere Straßen an, bindet die Vorstädte an sich. Das Schauspiel dieses schillernden neuen Rahmens, der den Glanz des Fernen, kaum Erreichbaren besitzt, auch Abbild des Ansehens, welche die Lebensführung der hochstehenden Klassen genießt, wird den Eifer der Kaufleute beflügeln, das Verhalten der Käufer beeinflussen: die Stadt als Struktur wird immer mehr eine ökonomische Gesellschaft nach ihrem Bilde formen. Und ohne Zweifel werden sich die Städte nun auch zunehmend unterscheiden, es entstehen ausgesprochene Verbraucherstädte und Gewerbestädte, Städte der Reichen, Verwaltungsstädte, Kleinstädte der Rentner und Beamten, mit ganz anderen Käufergruppen, einer anderen räumlichen Aufteilung, einer eigentümlichen Anordnung der Häuser, der Straßen. Und ausgeprägte Handelsstädte, Städte des gewerblichen Handwerks, Städte der Großunternehmer, Arbeiterstädte, deren Straßen und Viertel sich an Werften und Fabriken drängen, an den technischen Produktionsapparat der Industrie.

Aber sehen wir uns die Millionenstädte an. Hängt ihr Erscheinen nicht, wie das der höheren Nervenbildungen eines Lebewesens, mit den neuen ökonomischen Aufgaben zusammen, die sich einer bereits über nationale Grenzen ausgeweiteten Tauschwirtschaft stellen, mit der Notwendigkeit, ihre Abläufe zu regeln und zu überwachen, ihre Möglichkeiten freizusetzen und auszuweiten? Bedarf es nicht, um Geschäfte immer größeren Ausmaßes auf den Weg zu bringen, um die Mächte der Kaufkraft für sich zu gewinnen, einer reichlichen Versorgung mit Kapital aus dem ganzen Land? Und ist es nicht, um mit den ökonomischen Zentren auf der ganzen Welt in Verbindung zu bleiben, ganz unabdingbar, daß sich die großen Geschäftsbanken neben den Notenbanken niederlassen, die großen Börsen, Verwaltungsgebäude, in denen die Vorstände und Vertreter der mächtigsten Unternehmen sitzen, Warenhäuser, teure Geschäfte, internationale Hotels, aber auch führende Meinungsblätter, Presseagenturen, Werbeagenturen, staatliche Einrichtungen, die all dies überwachen und dabei der Wirtschaft immer wieder die Türen öffnen? Derart erklärte sich also gerade durch eine beschleunigte ökonomische Entwicklung die Herausbildung riesiger Städte, in ihren Ausmaßen und ihrem Bevölkerungsreichtum ähnlich dem legendären Babylon, an dessen stürmisches Wachstum wir erinnert werden. Umgekehrt hat aber das gesamte moderne Wirtschaftsleben großstädtischen Charakter, die Gestalt der städtischen Zivilisation angenommen. Selbst jene industriellen Ballungsgebiete, die sich um Fabriken bildeten wie ehemals die Vorstädte der Krämer und Tagelöhner um die alten Stadtmauern, weisen solche Züge auf: es sind Ausläufer der Großstädte, die sich bis ins frühere Umland, bis auf das flache Land selbst erstrecken.

Wir merken nun aber wohl, daß dies eine Morphologie der Großstadt noch nicht erschöpfen kann. Denn hat man all jene Erscheinungen des städtischen Lebens an sich vorüberziehen lassen, seine religiösen, politischen, ökonomischen Formen, die in verschiedene morphologische Gebiete weisen, so bleibt doch immer noch die Stadt selbst zurück, die Stadt als solche, bleibt uns weiterhin, jene reinen Tatbestände des Bevölkerungsverhaltens zu untersuchen, durch deren eigentümliche Artung sich die Stadt, die moderne Großstadt, unter anderen Siedlungsweisen auszeichnet. Denn ganz ohne Zweifel sind dies zunächst die gleichzeitig ausgedehntesten und dichtesten Bevölkerungsansammlungen innerhalb des sozialen Körpers. Und dabei steht ihre Dichte nicht immer im umgekehrten Verhältnis zu ihrer Ausdehnung. Chicago mit seiner Bevölkerung, die kaum größer ist als die von Paris in seinen gegenwärtigen Grenzen, bedeckt doch ein sechs oder sieben Mal größeres Gebiet. Vor allem deshalb, weil dort die Industrieanlagen, die Docks und Lagerhäuser, die Bahnhöfe, ihre Depots und Werkstätten, das Schienennetz, aber auch die öffentlichen Straßen und Plätze, die Parks und andere unbebaute Gebiete dort einen größeren Platz einnehmen, weil jenseits der eigentlichen Stadtmitte die Häuser dort weniger hoch aufragen und weiter auseinander liegen. Das heißt aber eben nicht, daß in bestimmten Vierteln, zu gewissen Stunden des Tages, die Menschendichte dort nicht noch größer sein könnte. Denn es ist gerade jenes Gefühl, welches solche großen Menschenmengen entstehen lassen, das Gefühl, sich in einem schier unendlichen und doch so gedrängten sozialen Raum zu bewegen, mit unterschiedlich bevölkerten Gebieten zweifellos, aber insgesamt doch inmitten einer Anhäufung von Bauten und Ansammlung menschlicher Lebewesen, inmitten eines Netzes von Straßen und ihrem regen Verkehr, in einer ganz eigenen Welt, in der auch das kollektive Leben eine unvergleichliche Intensität besitzt, jenes Gefühl, jene Mischung von Eindrücken und Vorstellungen gleichzeitig stofflicher und menschlicher Natur, mechanisch und spirituell, die man in allen Großstädten auf ganz ähnliche Weise und vor allem: nur dort finden wird.

In solchen festen und doch bewegten morphologischen Gebilden haben andere Arten gesellschaftlicher Gruppen sehr viel größere Mühe, überhaupt entstehen zu können, neigen eher dazu, sich aufzulösen, sind einmal jene Augenblicke vorüber, ist die kurze Zeit vergangen, während der sie sich zusammenfinden, auf sich selbst besinnen, neue Kräfte schöpfen. Es besteht jedenfalls immer die Möglichkeit oder zumindest der Glaube daran, diese Gruppen verlassen, von einer in die andere wechseln zu können, vor allem aber, sobald man die Lust dazu verspürt, so lange man will, sich dem schlichten, dem reinen städtischen Leben zu überantworten: als namenloser Mieter eines großen Wohnhauses, in einem Viertel, das zu weitläufig ist, um noch Bekanntschaften zu stiften, oder aber mitgerissen vom Strom der Menge, in der sich der Mensch wie ein Partikel bewegter Materie fortbewegt. Nicht zuletzt daher rührt jene Selbstbezogenheit des Stadtmenschen, der sich zwischen allen anderen vereinzelt fühlt, der sich oft an ihnen stört, in dem sich das Bedürfnis erhebt, seinen Platz im Raum immer nachdrücklicher zu verteidigen, weil er ihm eng bemessen ist und dauernd streitig gemacht wird. Es entsteht dort aber auch ein kollektives Gefühl, das stärker ist als anderswo, eine Verbundenheit, trotz allem, mit jenen Menschenmengen, deren Grenzen man nicht wahrnimmt und die unwiderstehlichen Antriebskräften zu gehorchen scheinen: Kräften, die unter all jenen, wie sie die soziale Welt hervorbringt, den großen Kräften der Natur am ähnlichsten sind. In der Tat: der Raum, räumliche Vorstellungen können ebenso gut Grundlage der Annäherung zwischen den Menschen sein wie Ursache ihrer Trennung und Vereinzelung. Sie verbinden aber umso mehr, desto stärker menschliche Gruppen den Eindruck haben, nur aufgrund ihrer Größe, ihrer Dichte, ihrer inneren Bewegung, alle Hindernisse aus dem Weg schaffen zu können, die der Raum selbst dem kollektiven Leben entgegenstellt. Eben dies ist in den großen städtischen Ballungsgebieten ganz offenbar der Fall. Der kollektive Überschwang, den man von Zeit zu Zeit oder an gewissen Orten, im Kreise der Familie, in religiösen Gruppen, politischen Gemeinschaften, oft auch im Wirtschaftsleben beobachten kann, anläßlich bestimmter Feste und Feierlichkeiten, großer Versammlungen, auf den Märkten, in den großen Unternehmen, die so viele Menschen auf engstem Raum versammeln, eben diese Intensität des sozialen Lebens, die sonst doch eher die Ausnahme bleibt, wird in der Welt der Großstadt auf eine gewisse Art zur Regel. Die Stadt übt auf die Menschen eine ungeheure Anziehung aus und ihre Bewohner hängen am städtischen Leben mit all ihren Kräften. Nicht zuletzt dies erklärt, daß sich die Bevölkerungen immer mehr in den frühen Städten und ihrer Umgebung gesammelt haben, sie anwachsen ließen und festigten, ihnen halfen, eine größere und vielfältigere, gleichzeitig materielle und soziale Struktur zu entwickeln, welche die Menschen schließlich selbst seßhaft werden ließ, an einen Ort und ein Land fesselte, trotz der Macht aller kollektiven Antriebe, zu fremden Ufern aufzubrechen.

Über die materiellen Formen des sozialen Lebens

In welchem Verhältnis steht die soziale Morphologie zur Soziologie? In welchem Sinne und wie weit deckt sie sich mit der Demographie, der Bevölkerungswissenschaft? Verdeutlichen wir den Hintergrund dieser Fragen an einigen Beispielen. Nehmen wir zunächst eine soziale Realität wie die Familie. Es läßt sich durchaus der Gedanke dieser Institution von den Gesetzen und Gebräuchen unterscheiden, die sich auf sie beziehen, und diese von den Gefühlen und der sittlichen Verfassung des häuslichen Lebens. Auf der anderen Seite können wir uns diese Familien als solche ansehen, ihre räumliche Erscheinung, ihr Äußeres, das, was sich an ihnen messen und zählen läßt. Werden wir nun sagen, daß sich die soziale Morphologie hier nur mit eben ihrer räumlichen Gestalt beschäftigt und der gesamte Rest dann in andere Bereiche der Soziologie gehörte? Doch keine dieser beiden Sichtweisen genügt für sich, erreicht die Wirklichkeit, wenn sie nicht mit der jeweils anderen einher geht. Denn was bedeutete der Gedanke der Familie, wenn er nicht irgendwo und irgendwann greifbare Formen annehmen würde? Und welches eigentümlich soziale Leben umgekehrt einer solchen Gruppe zusprechen, wenn wir hinter den morphologischen Einheiten, die unter diesen Begriff fallen, nicht auf Gedanken, Gefühle, vor allem eine ganz bestimmte Ordnungsvorstellung stießen, die sie einen?

Eine vorläufige Unterscheidung also, die schlicht das, was sich sehen und berühren läßt, dem gegenüberstellt, was, selbst wenn wir dessen Vorhandensein wahrnehmen, unseren eigentlichen Sinnen entgeht. Die Macht und die Rechte des Hausvaters, Verwandtschaftsbeziehungen, männliche oder weibliche Erbfolge, wie von all dem eine Vorstellung gewinnen, wenn man nicht das Bild von Menschen entwirft, die im Raum miteinander leben, von den Mitgliedern einer häuslichen Gemeinschaft? Und wenn wir stattdessen die Gruppe selbst in den

Blick nehmen, dann geht es nicht nur um sichtbare Lebewesen und die räumlichen Beziehungen zwischen ihnen. Es sind Menschen, nicht unbelebte Dinge. Leibniz hat gesagt, daß wenn Lebewesen mit menschlichen Zügen vom Mond auf die Erde kämen, wir um eine Antwort verlegen wären, ob dies nun tatsächlich Menschen seien. Das ist aber nur richtig, wenn sie dort einzeln, als eine Art Muster auftauchten. Denn sobald wir sehen könnten, daß sie sich durch Gebärden verständigen, sich einer Sprache bedienen, wie würden wir nicht ihre Eigenschaft als soziale Wesen erkennen, mithin als Menschen, als Mondmenschen, wenn man darauf Wert legt? Und so entdeckt uns das, was augenfällig und spürbar an einer Gruppe ist, auch ihr psychisches und moralisches Leben. Wie könnte man beim Besuch eines Schauspiels sagen, daß die Gestalt auf der Bühne nur ein weiblicher Körper ist, dessen Züge ich wahrnehme, und nicht die Eifersucht und Leidenschaft der Phädra, erkennbar an ihren Gebärden, hörbar in ihrer Stimme?

Eben dieser Ausdruck der Formen, der Strukturen verweist uns in die Welt des Lebendigen. Auguste Comte hat einst vorgeschlagen, die Soziologie nach dem Vorbild der Biologie in soziale Anatomie und soziale Physiologie zu unterteilen, in die Untersuchung der Organe einerseits, und andererseits ihrer Funktionen. Beschäftigt sich nun die Morphologie mit den Organen einer Gesellschaft? In der Biologie sind die Organe in struktureller Hinsicht das, was dauerhaft an einem Organismus ist, was sich am wenigstens oder doch nur langsam ändert. Aber auch die Funktion bleibt in dem Sinne gleich, daß sie wiederkehrend den selben Vorgang erzeugt. Allerdings ist dieser Vorgang eine Abfolge, ein ständig neues Durchlaufen von Zuständen, bedeutet unaufhörlichen Wandel. Sicher nutzen sich auch Organe ab, erneuern, entwickeln sich. Der lebendige Stoff ist im immer Fluß. Doch die Form bleibt, und es ist eben diese beständige Seite des Körpers, die wir seine Struktur nennen.

Wenn wir nun aber versuchen, die selbe Unterscheidung im sozialen Leben vorzunehmen, kommen wir gehörig in Verlegenheit. Eine Verfassung etwa legt fest, welches die Organe des politischen Lebens sein werden, Parlamente, Gerichtshöfe, Staatsämter. Und sie legt ebenso ihre Eigenschaften fest, ihre Amtsgewalt, ihre Funktion. Aber alles, was die politische Gemeinschaft einmal derart verfügt hat, kann sie auch wieder ändern, ob es sich nun um Zahl, Gestalt, die Anordnung ihrer Organe handelt oder um die Reichweite und Beschaffenheit der Funktionen, die sie ausüben. Wie hier also das Dauerhafte vom Flüchtigen unterscheiden? Eine Funktion etwa kann durchaus widerstandsfähiger sein und sich länger halten als ein Organ, ein Organ seiner Funktionen verlustig gehen.

Erkennen wir unterdessen an, daß es in sozialen Gruppen immer auch bestimmte Gefüge gibt, einmal festgelegte Ordnungen, die dazu neigen, fortzudauern, zu bleiben, wie sie sind, die jedem Wandel ihren Widerstand entgegensetzen. Wann immer sich soziale Institutionen verändern, stoßen sie auf diesen Widerstand. Sie müssen sich an frühere Strukturen anpassen, an die mit ihnen verknüpften Gewohnheiten jener Gruppen, die diese Institutionen stützen oder doch stützen sollten. Als eine universalistische Religion wie das Christentum an die Stelle der städtischen Kulte, der Kulte von Stämmen, örtlicher Heiligtümer trat, mußte sie immer auch den schon vorhandenen Besonderheiten Rechnung tragen: all die heidnischen Elemente des Christentums gehen auf die eigentümlichen religiösen Bräuche derjenigen Gruppen zurück, die es in sich aufnahm. Aus ähnlichen Gründen wurde ihre räumliche Gliederung in Diözesen und Pfarrbezirke den römischen Verwaltungseinheiten nachempfunden. In Frankreich haben seit dem 17. Jahrhundert alle politischen Herrschaftsgefüge jene zentralisierte Struktur beibehalten, die der Struktur einer Bevölkerung entsprach, welche das französische Königtum frühzeitig unter diese Art der Verwaltungsordnung gebeugt hatte. Und selbst wenn ökonomische Institutionen die Gewohnheiten der Menschen grundlegend verändert haben, wenn wohl nichts derart tiefgreifend und in so kurzer Zeit Überliefertes zerstören und überall neue Lebensweisen entstehen lassen konnte, so mußten doch auch sie sich Gegebenheiten anpassen, die sie in früheren Gesellschaften vorfanden. Vor allem in der Landwirtschaft, wie dies heute noch die unterschiedlichen Gebiete des großen, mittleren oder kleinen Grundbesitzes bezeugen. Aber auch im Bereich des Gewerbes: die Ansässigkeit verschiedener Industriezweige und bestimmter Berufe, der Fortbestand des kleinen Handwerks in bestimmten Landstrichen und Städten, umgekehrt die Bedingungen der Geburt und des Wachstums der Großindustrie, dies alles zeigt in vielen Fällen den fortdauernden Einfluß ökonomischer Strukturen, die früher verschiedene Teile des Landes kennzeichneten.

Woher rührt nun die eigentümliche Kraft solch dauerhafter Ordnungen, eine Trägheitskraft meist, manchmal allerdings auch Antriebskraft neuer Entwicklungen? Denn menschliche Gruppen sind immer wieder fähig, ihre Gestalt zu ändern, selbst wenn sie die selben Funktionen ausüben, den selben Institutionen unterworfen sind. Dies nun führt uns zu zwei grundlegenden Voraussetzungen, ohne die keine dieser Gruppen leben kann. Auch wenn eine Gesellschaft vor allem aus Vorstellungen gemacht ist, kann sie doch nicht bestehen, ihre Aufgaben nicht bewältigen, ohne daß sie sich irgendwie im Raum niederließe und ausbreitete, ohne daß sie dort ihren Sitz fände. Sie hat, in ihrer Gesamtheit und ihren Teilen, immer eine bestimmte Ausdehnung, eine Lage, Größe und Gestalt im dinglichen Raum, auf der stofflichen Erde. Und dann, verfaßt aus menschlichen Einheiten, aus Lebewesen, besitzt sie einen lebendigen Körper, mit einem bestimmten Umfang, den man messen, mit Gliedern, die man zählen kann. Sie kann wachsen, schrumpfen, sich trennen, sich erneuern. Mit anderen Worten: ebenso wie ein lebender Körper in gewissem Ausmaß den Gegebenheiten der unbelebten Welt unterliegt, weil ein ganzer Bereich seiner selbst materieller Natur ist, hat eine Gesellschaft als psychische Realität, als eine Gesamtheit kollektiver Gedanken und Neigungen, einen lebendigen Körper und an der Natur physischer Dinge teil. Deshalb gibt sie sich, bestimmt sich in Formen, in materiellen Ordnungen, die sie den Gruppen aufbürdet, aus denen sie besteht. Sie hinterlegt so in gewisser Weise, sinnlich faßbar, ihre Gedanken, Sitten, Gewohnheiten bei den Menschen, auf die sie sich erstreckt, vertraut sie ihnen an wie Dinge.

Und so setzen die materiellen Bedingungen der Gesellschaft einer Ausübung ihrer Funktionen, der Veränderung ihrer Organe, ihrem Leben und ihrer Entwicklung immer auch Widerstände entgegen. Dieser Aspekt des kollektiven Lebens, der also menschlichen Gruppen gilt , insofern sie sich in der physischen Welt bewegen und vom Strom des organischen Lebens erfaßt werden, insofern sie sich aber auch – und nur unter dieser Bedingung bleiben wir im Reich des Sozialen, des kollektiven Denkens – gegenseitig als materielle Dinge im Raum und als organische Wirklichkeit wahrnehmen und vorstellen, eben dies ist der Gegenstand der sozialen Morphologie. Wenn allerdings dieser ihr Gegenstand im Verhältnis zum Gegenstand der Soziologie im Allgemeinen, der Gesellschaft in all ihren Erscheinungen, dadurch hinreichend eingegrenzt scheint, dann schließt doch umgekehrt, nachdem es keine Gesellschaft gibt, die nicht in irgendeiner Weise materielle Formen besäße, die soziale Morphologie sie ihrerseits alle ein, erstreckt sich durch alle wesentlichen Bereiche der Soziologie. Dies ist, was wir eine soziale Morphologie im weiten Sinne nennen, eine Morphologie, die sich im Übrigen ebenso viele besondere Gegenstandsbereiche zurechnen kann, wie es verschiedene Arten von Gesellschaften, oder genauer: verschiedene Arten des gesellschaftlichen Lebens gibt.

Nun hat uns aber ein Blick auf diese verschiedenen Rahmungen des gesellschaftlichen Lebens zu einer grundlegenden Unterscheidung geführt. Denn wenn man sie getrennt betrachtet, den jeweiligen Einzugsbereich religiöser, politischer oder ökonomischer Tatbestände, scheinen morphologischen Eigentümlichkeiten uns vor allem zu helfen, jede dieser Ordnungen der kollektiven Realität in ihrer Besonderheit besser zu verstehen. Die Zahl der Gläubigen, die Ausdehnung einer Glaubensgemeinschaft im Raum, ihre Aufteilung in kleine vereinzelte Gruppen oder Ballung in dicht bevölkerten Gebieten, auch die Struktur der Kirche, die Anordnung und Anlage ihrer bedeutenden Stätten, der Klöster und Heiligtümer: wie übte all dies nicht einen mächtigen Einfluß auf die Kraft und Tiefe der Glaubensvorstellungen, auf das Vorwalten dieser oder jener Art der Frömmigkeit, die Einheit ihrer Lehre, ihrer Bräuche aus? Und stehen nicht auch solche räumlichen Bedingungen am Anfang rein religiöser Umwälzungen, des Geistes und der Gestimmtheit der Kirche, einer Neufassung der Dogmen, am Beginn von Schismen, der Bildung von Sekten, der Straffung oder Lockerung der religiösen Disziplin?

Und ebenso stehen politische Gebilde und die entsprechenden kollektiven Vorstellungen in enger Beziehung zu Gestalt und Umfang gesellschaftlicher Gruppen. Es besteht in dieser Hinsicht ein auffallender und lebhafter Gegensatz zwischen jenen ausgedehnten asiatischen Despotien mit ihren Großkönigen und Statthaltern, die unter ihre unumschränkte Herrschaft weit verstreute und ganz unterschiedliche Völkerschaften beugten, ohne genaue Grenzen, große, ungeschlachte, kaum gegliederte Körper, und dann den griechischen Städten mit ihren begrenzteren Machtgebieten, ihrer dicht gedrängten Bevölkerung: günstige Voraussetzungen für ein regeres politisches Leben, für Volksversammlungen, Wahlämter, häufigere Veränderungen der Herrschaftsverfassung, für politische Umstürze und ständige Gruppenkämpfe. Im römischen Reich, in der Zeit seiner größten Ausdehnung und mit dem Verschwinden äußerer Bedrohungen, sieht man eine vielgliedrig durchgestaltete Ordnung entstehen, über Länder und Städte hinweg, einheitliche Gesetze, eine abgestufte Verwaltung, ein wirkliches Recht. Im Unterschied dazu die germanischen Stämme: kleinere, oft weit verstreut lebende Gruppen, nie endgültig seßhaft, deren politische Ordnung über den Rahmen der Siedlung, des Dorfes kaum hinausreicht. Ihr Zusammenhalt beruht meist auf der Treue zu einem Heerführer, sie kennen nur das überlieferte Gewohnheitsrecht. Später, in Frankreich, mußte man lange warten, bis sich die versprengte Bevölkerung wenigstens eines Landstriches näher kam, bis ihre Bräuche und Sitten sich ähnlicher wurden, bevor dann eine neue Gruppe von Rechtskundigen Gesetze ausarbeitete, die zuletzt Grundlage der monarchischen Verfassung werden. Und kann man nicht auch all die seither erfolgten politischen Veränderungen mit der Entwicklung von Größe und Dichte in Verbindung bringen: Bildung nationaler Einheiten, Entstehung städtischer Ballungsgebiete? Hinter den Auseinandersetzungen zwischen politischen Überzeugungen, den Kämpfen politischer Parteien nehmen wir Gruppen wahr, die sich auf verschiedene Art und Weise im Raum einrichten, die, auch hier in materieller Hinsicht, weder den selben Zusammenhalt besitzen noch dieselben Grenzen. Und schließlich wird man ohne Mühe erkennen, daß sich auch die industrielle Ordnung, die gewerbliche Produktivität, der Umfang von Angebot und Nachfrage nicht zuletzt aus der Größe der gewerblichen Unternehmungen ergeben, dem Anwachsen der Ballungsräume mit ihren Arbeitersiedlungen, der zahlenmäßigen Verteilung unterschiedlicher sozialer Klassen.

Es entsprechen also den verschiedenen gesellschaftlichen Handlungszusammenhängen je besondere Strukturen, die sich auf der einen Seite aus ihnen ergeben, umgekehrt aber auch auf sie zurückwirken, sie in ihrer religiösen, politischen, ökonomischen Gestalt selbst abwandeln können. Vielleicht bleibt gerade deshalb die Geschichte solcher Institutionen oft im Dunkeln. Denn wie hoch war der Anteil der christlichen Bevölkerung in Gallien im fünften, sechsten, siebten Jahrhundert? Wie verlief das Bevölkerungswachstum, besonders in den großen Städten Frankreichs, in der zweiten Hälfte des 18. Jahrhunderts? Oder welche durchschnittliche Größe hatten hier die Unternehmen zu Beginn der industriellen Revolution? Wenn wir diese und ähnliche Fragen beantworten könnten, bestünde einige Möglichkeit, die Geschichte der Ideen und Institutionen auf den verschiedensten Gebieten besser zu verstehen.

In diesem Sinne gehören nun der Umfang, die Dichte menschlicher Gruppen, ihr Gestaltwandel, ihre räumlichen Verschiebungen zu einer jeden besonderen Ordnung sozialer Tatbestände, sind davon untrennbar, als ob sie diese Tatbestände auf ihre Weise ausdrückten. Es läßt sich etwa von einen religiösem Raum sprechen, der sich nicht mit dem ökonomischen Raum deckt, ebenso wie der materielle Hintergrund oder Rahmen dem Gegenstand eines Gemäldes entspricht, dessen Unterlage und Grenze sie abgeben und bei Genrebildern, in der Historienmalerei, bei Porträts oder Stilleben je anders geartet sind: wie wenn das Sujet seine eigene Atmosphäre verbreitete und nach seinem Bild den Ausschnitt des Raumes veränderte, in den es hineingestellt wird. Und so drückt sich auch jeder Bereich des sozialen Lebens durch die räumliche Form der Gruppen aus, die ihm zugehören.

Doch weshalb nehmen wir eben diese Tatbestände, diese physische und organische Seite solcher kollektiven Handlungszusammenhänge nicht ausschließlich in ihrer morphologischen Natur? Werden wir nicht, wenn wir das, was wir als äußere Formen religiöser Gruppen, als materielle Rahmenbedingungen der politischer Ordnung, als räumliche Strukturen der Ökonomie beobachten konnten, nun miteinander in Beziehung setzen, eine einheitliche und von Bevölkerungstatbeständen zunächst unabhängige Gesamtheit wiederfinden, deren Einheit zuvor künstlich getrennt wurde? Denn es handelt sich doch oft um die selben Menschen, die selben Gruppen, die wir nur von verschiedenen Seiten betrachtet haben, gleich Statisten in einem Theater, die in den verschiedenen Szenen eines Stücks einmal als jubelnde Menge, dann als vorbeimarschierende Soldaten, oder als Gläubige beim Kirchgang erscheinen: auch hier sind es die selben Menschen, ist es die gleiche Schauspieltruppe.

Wenn allerdings morphologische Tatbestände gesondert beobachtet und behandelt werden müssen, für sich genommen, als eine von allen anderen unterschiedene soziale Wirklichkeit, dann deshalb, weil aus jedem besonderen Rahmen, in dem sie sich entwickeln, auch ihre unbestreitbaren Gemeinsamkeiten hervortreten. In der Tat, sobald wir ihnen als solche unsere Aufmerksamkeit zuwenden, entfernt man sich von jenem Besonderen, das jeder Gattung kollektiven Handelns eigen ist, man richtet den Blick auf Formen und Bewegungen im Raum, in einem physischen Raum, der für all diese Tatbestände derselbe ist, wie immer auch die Institutionen geartet sind, denen sie zugehören. Mit anderen Worten: alle kollektiven Lebensvollzüge haben räumliche Bedingungen, und wenn sich auch ihre Richtung und ihr Ziel unterscheiden, so ist doch immer eine augenscheinliche Analogie jener materiellen Ordnungen vorhanden, die ihre Grundlage bilden und die alle den selben allgemeinen Gesetzen zu gehorchen scheinen. In diesem Sinne treffen alle besonderen Morphologien, als Gegenstandsbereiche der materiellen Formen und Bewegungen von Gesellschaften, in einer Morphologie *stricto sensu* zusammen, die sich mit der Bevölkerungswissenschaft deckt.

Und man kann noch weiter gehen. Denn wir sollten nicht glauben, daß die Zustände und der Wandel von Bevölkerungen für sich allein als Ergebnis und Verbindung der Dinge wahrgenommen und erklärt werden können, wie man sie zunächst in den verschiedenen Feldern der Soziologie beobachtet hat: religiöse Gruppenbildungen, politische Ordnungen, agrarische oder industrielle Einheiten. Tatsächlich ist es sehr schwierig, meist unmöglich, einen dieser morphologischen Tatbestände im engeren Sinne, etwa den Umfang einer Bevölkerung, die Bildung von Städten, das Entstehen von Wanderungsbewegungen, ausschließlich mit Einflüssen in Beziehung zu bringen, die einem dieser Bereiche mehr als einem anderen eigentümlich wären. Massenbewegungen wie die Kreuzzüge waren zweifellos von religiösen Motiven angetrieben, aber auch von politischen und ökonomischen. Veränderungen der Geburtenhäufigkeit können mit Preisentwicklungen, mit den Bedingungen der allgemeinen Wohlfahrt in Zusammenhang gebracht werden, aber auch mit politischen Verhältnissen, moralischen Vorstellungen und religiösen Überzeugungen. Werden wir deshalb sagen können, daß solche Tatbestände aus mehreren, sich überschneidenden Ursachenreihen entstehen, wie aus verschiedenen Quellen und Zuflüssen eines selben Flusses, der schließlich in einen großen Strom mündet? Aber wissen wir denn, wenn wir jeden der von solchen Bewegungen ergriffenen Menschen betrachten, weiß er denn selbst, ob er einem einzigen dieser Antriebe gehorcht oder doch mehreren? Und ist nicht der Umstand, daß wir Schwierigkeiten haben, solche Unterscheidungen so weit, in solche Höhen zu treiben, ein

Hinweis darauf, diese Erscheinungen in gewissem Sinne tiefer ansiedeln zu müssen, näher an ihren demographischen Wurzeln, auf einer Ebene, auf der sie sich als reine und schlichte Tatbestände der Bevölkerung darstellen? Die Bevölkerung als solche besitzt eine spezifische, autonome Realität in dem Sinne, daß Bevölkerungstatbestände durch andere Bevölkerungstatbestände zu erklären sein müssen.

Aber mehr noch: im Verlaufe der Geschichte mußten sich die verschiedenen Gestaltungen des sozialen Lebens, nachdem sie sich einmal gebildet oder aber verändert hatten, diesen Zuständen und Bewegungen der Bevölkerung anpassen. Sie fanden in ihnen gleichzeitig Hindernisse und Stützen, die Ursache ihrer Grenzen, aber auch die Möglichkeit ihrer Ausbreitung. Der Vormarsch des Christentums wären nicht so schnell erfolgt, wenn es nicht schon bedeutende Städte gegeben hätte, in denen es Fuß faßte, und von denen aus es sich nicht hätte verbreiten können, wenn nicht schon Verkehrsströme, über Land und zur See, vorhanden gewesen wären, die seine Botschaft weitertrugen. Diese Religion fand ihren Stützpunkt zunächst in Rom, einem bevölkerungsreichen Ballungsraum, dann in den Siedlungsgebieten der Franken, und ihre Grenzen dann an der räumlichen Ausdehnung eben jener Gruppen, in denen sie zunächst heimisch wurde. Der Islam hat sich schnell und sehr weit verbreitet: als Religion wandernder Völkerschaften, von Nomaden und Eroberern.

Andere Beispiele. Die gesamte politische Ordnung der griechisch-römischen Welt beruhte auf der Aushebung von Sklaven in großen und fruchtbaren Fremdvölkern. Auf der anderen Seite erklären sich entscheidende historische Veränderungen der äußeren Macht von Staaten und ihrer inneren Struktur durch den Einfluß von Kriegen. Und wir können in diesem Zusammenhang sicher an Malthus erinnern, für den Kriege meist durch einen Bevölkerungsüberschuß hier, dort eine zeitweise oder dauerhafte demographische Schwäche ausgelöst wurden. Schließlich hat die industrielle Ordnung, die Großindustrie ganz zweifellos und in weitem Ausmaß die räumliche Verteilung der Menschen neu gestaltet. Doch sie konnte sich nur in Gebieten durchsetzen und entwickeln, in denen ihr Arbeitskräfte aus dichten Bevölkerungen zuflossen, hätte kaum in dünn besiedelten Ländern mit einer stehenden Bevölkerung Erfolg gehabt, ohne ausreichende Verkehrsanbindungen, ohne große Absatzmärkte. Viele neue soziale Ordnungsgefüge sind schon früh und vereinzelt aufgetaucht. Hätten sie sich denn dort, wo sie entstanden, nicht früher durchgesetzt, nicht auf größere Gebiete verbreitet, wenn sie selbst in der Lage gewesen wären, jene demographischen Bedingungen zu schaffen, ohne die sie sich letztlich nicht herausbilden konnten?

Doch Bevölkerungen haben ihre eigenen Gesetze. Oft widerstehen sie zu heftigen, zu gewaltsamen Veränderungen, die man ihnen aufzwingen will. Dann aber geschieht es auch, daß sie gleichsam über ihr Ziel hinaus schießen, den Rahmen der Institutionen sprengen, in denen sie eine Zeit lang eingeschlossen waren, daß sie neue Bedingungen schaffen, die der Gesellschaft die Pflicht auferlegen, ihre Gesetze und Bräuche abzuwandeln, ihre Ordnungsgefüge umzugestalten. Weit entfernt davon, nur Ergebnis und notwendige Folge anderer sozialer Tatbestände zu sein, ist es die Bevölkerung, sind es ihre Größe und Verteilung, wie aus einer zufälligen Entwicklung heraus entstanden, die sie am Ende ermöglichen.

Aber sind wir hier, einmal auf die Strukturen der Bevölkerung wie auf eine frühe geologische Schicht gestoßen, die nun auch den Untergrund des gesamten sozialen Lebens bildete, nicht zu weit vorgedrungen, zu nah an der Scholle, an der Materie, zu nah an biologischen Tatbeständen? Denn wenn sich nur dort von Gesellschaft sprechen läßt, wo wir kollektive Repräsentationen antreffen, wenn jede soziale Ordnung auch einen gedanklichen Gehalt besitzt, halb bewußt, wie verhüllt, oder aber hoch entwickelt, im Handeln gegenwärtig, verlassen wir dann nicht mit solchen Bevölkerungstatbeständen diese Ordnung der Wirklichkeit, kommen wir hier nicht auf das Gebiet mechanischer Reaktionen oder bestenfalls instinktiven Verhaltens, das aber ganz vom dunklen Strom der lebenden Materie mitgezogen wird?

In der Tat: hielten wir uns an die Natur, an die Gestalt, die Ausdehnung des bevölkerten Landes, Täler, Berge und Flüsse, natürliche oder künstliche Wege, Häuser und Wohnsiedlungen, Fabriken und Warenlager, und wären die Menschen nichts anderes als lebloser Staub, wie Dünensand, dann würden sie sich hier und dort, wie durch Zufall verteilen, von Hindernissen abgedrängt, sich ergießend in große freie Räume, bald angezogen, bald zurückgestoßen, wie magnetische Körper. Die Morphologie müßte sich dann auf eine Art Mechanik und einige Abschnitte aus der Physiologie beschränken, um solche Bevölkerungsbewegungen zu erklären, Vorgänge, die scheinbar rein organischen Kräften, Geburt, Alter und Tod gehorchen.

Und dennoch haben wir gesehen, daß wenn die Gesamtheit der Tatbestände des Bevölkerungsverhaltens zwar eine physische, eine vitale Seite besitzt, sie selbst doch ganz anderer Natur, nämlich soziale Tatbestände sind. Ihre räumlichen, materiellen Formen, Ausdehnung, Wachstumsverlauf, Größe, Bewegung, Gestalt, sie setzen nicht weniger ein ganzes Wechselspiel von Gedanken, Gefühlen, Antrieben voraus, die uns manchmal kaum zu Bewußtsein kommen. Und es ist nicht weniger richtig, daß menschliche Gruppen, zusammengedrängte Menschenmengen, in steter Bewegung und Erneuerung, sich auf ihre Art und Weise den Platz vorstellen, den sie im Raum einnehmen, ihre Größe, ihr Wachstum, die Anordnung, die Richtung ihrer Glieder. Und sie müssen dies auch tun, um, als ob sie gemeinsam, wie aufeinander abgestimmt handelten, sich verändern, ihren Umfang vergrößern oder verringern, ihre Gestalt wandeln zu können.

Solche Zustände und Bewegungen der Bevölkerung bieten sich zweifellos an, sie zu messen und zu zählen, eignen sich zu quantitativen Vergleichen wie Gegenstände oder Eigenschaften der physischen Natur. Und dennoch vermischen sie sich in keiner Weise mit materiellen Dingen, ebensowenig wie das Bewußtsein, das wir von unserem Körper und seinen Bewegungen haben, selbst bloß eine Gesamtheit von physischen Dingen und ihren Veränderungen im Raum wäre.

Dies ist uns immer deutlicher geworden, je genauer wir die zunächst etwas rätselhaft scheinenden Grundzüge des Bevölkerungsverhaltens angesehen haben. Denn wie ließe sich der Schlüssel zu ihrem Geheimnis finden, ohne auf jenes eingefleischte Verhalten zu verweisen, auf die Kräfte der Einbildung, die jede Gruppe erfassen, oder ein intuitives Verständnis, einen tiefen Sinn, jenen kollektiven Instinkt, zielsicher wie überlegener Geist und höheres Wissen, für die Bedingungen ihres Gleichgewichts, einen Sinn für die kaum bestimmbare Eigentümlichkeit der Wirkung, welche die Bevölkerung, und nur sie, indem sie ihre eigene Sicht der Dinge entwickelt, ihre eigenen Wege geht, auf sich selbst haben kann?

Und so konnten wir sehen, daß auch die Entwicklung der Weltbevölkerung, ihr Wachstum und ihre Ausbreitung über die verschiedenen Erdteile, keineswegs physischen, ihre Verteilung nicht mechanischen Kräften gehorcht, einer Trägheit, einer Dünnflüssigkeit oder Zähigkeit der Bevölkerungsströme, und genauso wenig einem physiologischen, einem Fortpflanzungstrieb, sondern kollektiven Einstellungen und gerade jenem halb bewußten Widerstand, den alle Bevölkerungsgruppen, die lange Zeit auf dem selben Gebiet leben, jeder, vor allem jeder ruckartigen Veränderung ihrer Gestalt entgegensetzen: Gewohnheiten und Traditionen, die sich ebenso auf die materiellen Ordnungsgefüge der Menschen erstrecken.

Und auch die räumlichen Veränderungen der Bevölkerung, insbesondere die Wanderungsbewegungen in heutiger Zeit, lassen sich nur dem ersten Anschein nach mit jenen blinden Vorgängen vergleichen, durch die sich unbelebte Körper verteilen, sich Pflanzen und Tiere ausbreiten, sich ihr Same den Raum erobert. Denn sie entstehen vielmehr aus Haltungen und Neigungen, die sich innerhalb der Gruppen von Einwanderern bilden, aus kollektiven Triebkräften, die mehr oder weniger stark sind, je nach Bevölkerungsdichte ihrer Ursprungsländer oder den Verhältnissen in der neuen Heimat, kollektive Einstellungen, die nicht zuletzt durch die dort vorgefundenen Gebräuche nachhaltig verändert werden.

Nun aber zu anderen Tatbeständen und damit auch anderen Fragen: der Verschiedenheit menschlicher Lebewesen im Hinblick auf Geschlecht und Alter. Hängen nicht beide allein von biologischen Einflußgrößen ab? Das zahlenmäßige Gleichgewicht der Geschlechter ergibt sich auf den ersten Blick aus der annähernd gleichen Häufigkeit männlicher und weiblicher Geburten, die wiederum selbst Folge biologischer Ursachen zu sein scheint. Aber würde das auch für Bevölkerungen gelten, in denen der Kindsmord üblich ist, oder man Frauen wie Lasttiere oder Sklaven behandelt? Stehen nicht die Vorschriften und Gebräuche, die ein derartiges Gleichgewicht zwischen den Geschlechtern begünstigen, mit einem sehr augenscheinlichen Merkmal unserer heutigen Gesellschaften in Beziehung, nämlich der zunehmenden Zahl monogamer Ehen, die eher dazu neigen, beide Geschlechter gleichwertig zu behandeln? Und auch die Abfolge der Lebensalter erklärt sich, wie man glauben könnte, durch rein organische Bedingungen. Dennoch muß die Gesellschaft, auf daß ein Gleichgewicht zwischen ihnen gewahrt bleibe, auch hier eingreifen, um den Wettbewerb, den Lebenskampf zwischen den weniger Alten und den Älteren zu überwachen und abzumildern. Die Mythologie hat sich einen Führer der Seelen im Totenreich vorgestellt, die Gesellschaft ist Führer des Zuges der Lebenden: bald verlangsamt, bald beschleunigt sie ihn.

Und dies gilt schließlich auch dort, wo man von natürlichen Bevölkerungsbewegungen spricht, von Geburt und Tod. Auch hier, möchte man meinen, gibt es im ersten Fall nichts Ursprünglicheres als den blinden Fortpflanzungstrieb. Schon Malthus hat sich darüber den Kopf zerbrochen. Dieser Trieb, behauptet er, verhindere zwar das Aussterben der menschlichen Gattung, er bringe aber auch, indem er sie dränge, sich immer schneller zu vermehren, jene verelendeten Bevölkerungen hervor, die unter ihrer Masse zusammenbrechen wie Wälder, deren Bäume und Sträucher ihrer eigenen Fruchtbarkeit erliegen, unter ihrem dichten Wuchs ersticken. Das ist aber nur richtig, solange die Gesellschaft nicht auf solche Entwicklungen antwortet. Malthus glaubte, daß sie dies durch eine Begrenzung oder Aufschiebung der Eheschließungen erreichen könne. Doch es gab in ihr noch andere, wirksamere Kräfte, deren Macht er nicht erahnen konnte. Die lange Zeit so hohe Geburtenhäufigkeit ist seit einem halben Jahrhundert stark zurückgegangen, aufgrund einer Begrenzung der Kinderzahl innerhalb der Ehegemeinschaft selbst, Ergebnis neuer sozialer Bedingungen, insbesondere der neuen städtischen Strukturen, die eine Selbstbezogenheit des Einzelnen begünstigten. Der Gesellschaft ist es dadurch gelungen, die Geburtenzahlen im Zaum zu halten. Und gerade dies erklärt auch den starken Rückgang der Sterblichkeit. Die biologische Natur der Menschen hat sich nicht geändert, sondern ihr Umfeld: die Bedeutung des einzelnen Menschen und seines Wohlergehens. Und so nehmen wir hinter all diesen Tatbeständen des Bevölkerungsverhaltens eine kollektive Anstrengung wahr, die biologische Gegebenheiten ausarbeitet und ihnen eine Richtung gibt.

Wenn wir aber einmal das Vorhandensein einer solchen kollektiven Tätigkeit erkannt haben, wie würden wir sie dann im Hinblick auf die Tatbestände des Bevölkerungsverhaltens bestimmen wollen? Menschliche Gruppen zeigen sich von außen betrachtet, wir haben es bereits gesagt, als mehr oder weniger ausgedehnte Körper, zusammengesetzt aus materiellen Einheiten. Doch wie könnten sie über längere Zeit ihre Form und Struktur bewahren, wie könnten sie sich in ihrer Gesamtheit im Raum bewegen, wenn sie sich nicht in irgend einer Art und Weise ihrer Zahl, der Anordnung ihrer Glieder, und deren Veränderung bewußt würden? Dieses Bewußtsein ist oft dunkel, kaum umrissen, aber es ist deshalb um nichts weniger vorhanden, und um nichts weniger wirkmächtig und wirklich.

Nehmen wir eine Menschenmenge, auf einem Platz oder in einer Straße, zusammengedrängt auf engstem Raum. Jedes ihrer Mitglieder nimmt seinen Körper wahr, aber auch die Körper neben ihm, erfährt, in verworrenen Eindrücken, die Menge als ganze: man kann hier von allem anderen absehen, was sonst noch in seinem Denken vorhanden ist. Und je häufiger das Zusammentreffen solcher Menschen stattfindet, desto eher wird dieser Eindruck, wird diese Vorstellung dazu neigen, sich zu verfestigen und auszuweiten. Und sie bedeutet in jedem dieser Menschen nur eine Verkörperung dessen, was sie bei allen anderen bewirkt: man kann behaupten, daß sie sich ihnen von außen aufzwingt, mit einer Kraft, die deshalb so groß ist, weil sie bei allen ihre Wirkung ausübt. Selbst wenn sie in ihr eigenes Leben zurückkehren, nach Hause, in ihre Geschäfte, in die Fabriken, oder wenn sie noch in den leeren Straßen verweilen sollten, teilen diese Menschen mit allen, die in der Stadt leben, aus denselben Gründen, in der selben Art und Weise das Gefühl, eine Gesamtheit zu bilden, eine im Raum ausgedehnte oder verstreute Einheit. Sie kennen, zumindest im Großen und Ganzen, die materielle Gestalt, die Dichte und inneren Bewegungen dieser Gesamtheit. Auch hier wieder kann man von allem anderen absehen und nur jene Denkungsart betrachten, die auf eine Bevölkerung, ihre Größe, ihren Ort gerichtet ist. Und wenn man dieselben Menschen nun außerhalb der Stadt ansieht, verstreut in der Nachbarschaft der Dörfer, in einem Landstrich oder dem ganzen Land: die Bevölkerung, die sie umgibt, wird ihnen erneut zwar als eine Art materielles Ganzes erscheinen, der Ort, die Lage von Wohnsiedlungen, die Richtung der Straßen, aber doch in ihrer Beziehung zu den dort vorhandenen Gruppen, als gleichzeitig dinglicher und menschlicher Rahmen, der sie alle umschließt. Und wenn es um diese Menschen als seßhafte oder bewegte Größen geht, wird es das selbe sein: ob städtische Verkehrsströme, Bevölkerungszuwächse, Wanderungszüge, der Mensch ist immer geneigt, sich als ein Bestandteil solcher Gesamtheiten anzusehen, der an ihrem gemeinsamen Handeln mitwirkt, an der Niederlassung oder Veränderung eine Menschenmenge im Raum.

Oder betrachten wir die Bevölkerung in ihrer Zunahme oder Abnahme, ihrer dauerhaften oder sich wandelnden Struktur. Es scheint, daß solche Veränderungen zu vielschichtig sind, um sie anders als durch Auszählung, durch statistische Verfahren zu erfassen. Und dennoch sind sich die Menschen, dunkel und unbestimmt, solcher Zustände bewußt. Während eines Krieges, wenn ganze Gruppen der erwachsenen männlichen Bevölkerung im Feld stehen, merken die Daheimgebliebenen sehr wohl, daß die Verteilung der Geschlechter und Lebensalter nicht mehr die selbe ist, allein schon aufgrund der Tatsache, daß man kaum mehr junge Männer sieht. Wird man aber, wenn die Sterblichkeit oder die Geburtenhäufigkeit rückläufig ist und dieser Wandel langsam vor sich geht, dies ebenso wahrnehmen? Allerdings wird in einem Landstrich oder einer Zeit hoher Geburtenzahlen und Sterblichkeit das Leben eines Menschen weniger kostbar scheinen als dort, wo diese Ereignisse sehr viel seltener stattfinden. Je nachdem, ob sich eine Bevölkerung in vollem Wachstum befindet, eher still steht oder gar abnimmt, ist innerhalb der Gruppe ein allgemeines Gefühl der Ausdehnung oder Zusammenziehung vorhanden, vergleichbar jenem, welches man im Wirtschaftsleben in Zeiten des Aufschwungs oder Abschwungs empfindet: ein unterschiedliches demographisches oder ökonomisches »Klima«, das sich umso deutlicher bemerkbar macht, je unvermittelter der Übergang von einem in den anderen Zustand geschieht. Fast ist es eine Art des Eindrucks, wie wenn der wohlgeordnete Ablauf körperlicher Vorgänge, den man kaum wahrnimmt, von einem Gefühl des Wohlbefindens begleitet wird.

Es gibt hier also eine ganze Ordnung kollektiver Repräsentationen, die schlicht daher rühren, daß die Gesellschaft ein Bewußtsein der Formen ihres materiellen Körpers erlangt, seiner Struktur und Lage, seiner Bewegungen und Veränderungen im Raum, und der biologischen Kräfte, denen er unterworfen ist. Nun können solche Repräsentationen von anderen überlagert werden, die keinen derart unmittelbaren Bezug zu diesen räumlichen und biologischen Dimensionen sozialer Körper besitzen. Dennoch entwickeln sie sich in menschlichen Gruppen, versuchen, auf sie einzuwirken. Mehr noch: ihre Wirkung erstreckt sich ganz ohne Zweifel auf die räumlichen Bedingungen des menschlichen Zusammenlebens, ist es doch ihr Ziel, eben deren Einfluß zu verringern, die Hindernisse zu überwinden, welche sie dem eigentlich kollektiven Leben entgegenstellen. Es geht in der Tat darum, gleichartige religiöse Vorstellungen bei den unterschiedlichsten Völkern durchzusetzen, sie in ferne Länder zu tragen, ihnen trotz der Sukzession und Diskontinuität der Menschenalter Dauer zu sichern. Ein ganzes großes Gebiet der selben Verwaltung zu unterstellen, den selben Gesetzen zu unterwerfen, trotz der Verschiedenheit örtlicher Bräuche und Überlieferungen, Heimstätten eines regen politischen Lebens, das Bedürfnis nach öffentlicher Wohlfahrt in einer Bevölkerung zu verankern, deren Denken oft so schwerfällig, engstirnig oder kleinmütig erscheint. Eine Tauschwirtschaft durchzusetzen, den Verkehr von Waren und Diensten zwischen Stadt und Land, von Stadt zu Stadt, Land zu Land, trotz der Entfernungen, die Arbeitsteilung voranzutreiben, durch die Umsetzung, Zusammenziehung, die Verschmelzung verschiedener Gruppen von Arbeitskräften, durch die Schaffung ganzer Arbeiterheere, die fortschreitende Erweiterung der Beziehungen zwischen einzelnen Wirtschaften. All dies setzt eine Veränderung und Bewegung der Menschen im Raum voraus, eine Umgestaltung der materiellen Strukturen der Gesellschaft. Mit anderen Worten: Tatbestände des Bevölkerungsverhaltens reichen in den Rahmen eines jeden Einzugsgebietes der Soziologie hinein, und in eben dieser Bedeutung läßt sich von einer Morphologie im weiten Sinne sprechen, die dem Bevölkerungsverhalten und seinen Ausgestaltungen im Verhältnis zu den verschiedenen Bereichen gesellschaftlichen Handelns gilt.

Geschieht es aber nicht, daß sich die eigentlich morphologischen Vorstellungen oder der unmittelbare Zugriff, den die Gesellschaft auf Raum und Stoff hat, durch diese je besonderen gesellschaftlichen Handlungszusammenhänge in diesem oder jenem Sinne verändern? Weshalb sollten denn nicht religiöse Überzeugungen die Gruppen, in denen sie mächtig werden, dazu bewegen können, sich zu verdichten, zu bewegen, weshalb sollten sie nicht auch auf die Fruchtbarkeit jener häuslichen Gemeinschaften Auswirkungen haben, die ihnen anhängen? Das Entstehen moderner Großstaaten, die Entwicklung der Großindustrie, hatten sie nicht ihren Teil dazu beigetragen, daß sich die Menschen in Großstädten versammelten? Wenn also die verschiedenen, die religiösen, politischen, ökonomischen Bereiche gesellschaftlicher Tätigkeit die Verteilung der Menschen im Raum und den Umfang menschlicher Gruppen verändern können, hätten wir wohl nicht mehr das Recht, Tatbestände des Bevölkerungsverhaltens von allen anderen zu trennen und nur als solche, für sich selbst zu untersuchen.

Wesentlich bleibt hier allerdings, daß sich die Gesetze, denen das Bevölkerungsverhalten gehorcht, keineswegs ändern, wenn man sie in diesem oder jenem kollektiven Gefüge, in der Kirche, der Nation, der Industriegesellschaft verfolgt. Was sich aber ändert, was erklärt, daß sich dieses Verhalten dort jeweils eigentümlich zeigt, die Antriebe und Neigungen der verschiedensten gesellschaftlichen Umgebungen widerzuspiegeln scheint, das sind die Bedingungen, unter denen sich diese Gesetze abspielen, Bedingungen, die in der Tat nicht in jedem dieser Bereiche die selben sind, sondern letztlich auf morphologische Besonderheiten, auf Strukturtatbestände hinauslaufen. In der Kirche die Vorherrschaft einer traditionellen, einer ländlichen demographischen Struktur. Von Nation zu Nation eine Verschiedenheit demographischer Typen, die durch die enger werdenden Beziehungen innerhalb eines staatlichen Gebildes vereinheitlicht werden. Schließlich, in der Industriegesellschaft, wiederum ein eigenes demographisches Muster, eine dichte, in großen Ballungsgebieten siedelnde Bevölkerung. Von dem Augenblick an, da sich die verschiedenen Bereiche gesellschaftlicher Arbeit offensichtlich am besten mit einer gegebenen demographischen Struktur und morphologischen Anordnung von Gruppen vertragen, wird es naheliegend, daß sie ihrerseits dazu neigen, jene Bedingungen aufrecht zu erhalten und zu entwickeln, die ihnen am günstigsten scheinen, und daß sich ihr Einfluß solchen Kräften hinzugesellt, welche die Bevölkerung selbst, ihrer demographischen Natur eigentümlich sind. Aber es sind eben diese Kräfte, die Gesetze des Bevölkerungsverhaltens, die sich am Ende so häufig durchsetzen, entweder, weil sie jene gesellschaftlichen Einrichtungen und Lebensweisen hervorbringen, die am geeignetsten sind, diese Kräfte selbst zu stützen und zu stärken, oder sich aber, wenn man so will, im Namen eines wie immer gearteten, eines unbewußten kollektiven Bedürfnisses, ihrer Veränderung widersetzen. Jedenfalls nehmen alle gesellschaftlichen Ordnungen, alle großen Wirkungsbereiche des gesellschaftlichen Lebens, indem sie sich nach und nach auf verhältnismäßige festgefügte menschliche Gruppen erstrecken, sich mit ihnen gleichsetzen, Gruppen, die eine bestimmte materielle Struktur besitzen, nicht nur einen biologischen Körper an, sondern richten sich mit ihm dauerhaft im physischen Raum ein.

Wir verstehen nun, daß die materiellen Formen einer Gesellschaft auf sie zurückwirken, keineswegs durch eine Art mechanischen Zwang, wie ihn ein Körper auf einen anderen ausübt, sondern durch das Bewußtsein, das wir von ihnen erlangen, als Angehörige einer Gruppe, die ihren Umfang, ihre Glieder, ihre Bewegungen im Raum wahrnehmen. Es gibt hier eine Art des kollektiven Denkens oder Wahrnehmens, das man als *dem sozialen Bewußtsein unmittelbar Gegebenes* bezeichnen könnte, ein Denken, das sich durch alle anderen Erfahrungen zieht, allerdings auch von der Soziologie, aus verschiedenen Gründen, bis heute kaum wahrgenommen wurde.

Zunächst vor allem deshalb, weil es so scheint, als würde, wenn man einmal den Körper selbst nimmt, den physischen Körper der Gruppe, sich diese mit ihm vollständig decken, ganz ähnlich wie etwa in der Individualpsychologie, die sich anfänglich kaum mit dem inneren Gefühl beschäftigt hat, das jeder von seinem eigenen Körper besitzt, weil dieses Gefühl weder einer gedanklichen Vorstellung noch einer klar der Unterscheidung von Subjekt und Objekt zuzuordnenden Wahrnehmung entsprach. Wenn man zudem geglaubt hat, daß kollektive Vorstellungen nichts als die Summe individueller Gedanken seien, wie hätte man dann der Gesellschaft selbst die Fähigkeit zusprechen sollen, ihren Körper wahrzunehmen, wo doch jeder Einzelne nur seinen eigen Körper zu empfinden schien und vielleicht noch jene, die ihn unmittelbar umgeben? Der Blick auf das Ganze und vom Ganzen aus bedeutet aber nicht nur das Nebeneinander einzelner Sichtweisen: man hat nun erkannt, daß das individuelle Denken desto mehr wahrzunehmen in der Lage ist, je mehr es sich einem sozialen Denken schuldet, das um nichts weniger Wirklichkeit besitzt. Und wie schließlich jeder Einzelne seinen eigenen und die ihn umgebenden Körper, durch Blicke und Berührungen, sehr deutlich wahrnehmen kann, ist er in der Lage, die Klarheit dieser Wahrnehmung von jenem verschwommenen Gefühl zu unterscheiden, das sich einstellt, wenn er als Mitglied einer ganzen Bevölkerung denkt und handelt. In der Tat sind alle unsere Verhaltensweisen in dieser Hinsicht kaum spürbar, fast unbewußt, sie gehen unter in jenen großen menschlichen Gebilden, in denen wir nur ein Teilchen unter unzähligen anderen sind. Gerade deshalb nehmen wir, wenn es sich um die Kräfte handelt, die uns in einem Land zurückhalten, in einer Stadt, die uns dazu bringen, auszuwandern, nur wenige Kinder in die Welt zu setzen, unser Leben zu verlängern, kaum ihre sozialen Formen wahr, sondern erklären uns unser Verhalten gern durch eigene Neigungen und Vorlieben, Gründe, die uns sehr viel klarer scheinen. Und dennoch sind diese Kräfte offensichtlich vorhanden, wenn wir zugestehen, daß es gesellschaftliche Vorgänge gibt, die der Einzelne weder vorhersehen noch willentlich gestalten konnte. Gleichzeitig aber mußten sie ihm wohl in irgendeiner Weise bewußt geworden sein. Denn wie sollte er sonst seine Rolle in diesem Stück gespielt haben?

Nehmen wir eine Stadt, deren Bevölkerung anwächst, dichter und gedrängter wird. Nehmen wir ein Land, in dem sich die Geburtenhäufigkeit verringert. Wie treten solche Vorgänge dem Einwohner der Stadt oder des Landes ins Bewußtsein? Was nimmt er von diesen demographischen Bewegungen wahr, von den neuen räumlichen Ausgestaltungen, die eine Bevölkerung innerhalb der ihr nun immer enger werdenden Stadtgrenzen an den Tag legt, von der Verringerung der Zahl der Neugeborenen, von einem unmerklichen Rückgang der Zahl der Kleinkinder? Man wird sagen, daß er kaum etwas von all dem wahrnimmt, und wenn, dann nur bruchstückhaft und verschwommen. Diese Repräsentationen des sozialen Raumes, der Vergrößerung oder Verkleinerung des Umfangs der Gesellschaft, muß aber wohl vorhanden sein, weil sie es ist, die Handeln gebiert: als Anziehungskraft der großen Ballungsgebiete, in deren Bannkreis all jene festgehalten werden, die sich einmal dort niedergelassen haben, als ein in der selben Weise und über eine ganze Reihe von Jahren hinweg fortgesetzter Rückgang der Geburten, eine Verringerung des Heiratsalters, wie wenn die Tatsache, daß eine bestimmte Bewegung in einem bestimmten Sinne einmal begonnen hat, der Grund dafür wäre, daß sie sich selbst nährt und sogar beschleunigt. Nachdem all dies wohl kaum durch rein mechanische oder physische Kräfte erklärt werden kann, muß es also die Gruppe selbst sein, in ihr bestehende Überzeugungen und Sitten, die solchen Veränderungen ihrer Form und Struktur Anstoß und Richtung geben. Aber wie könnten sie das, wenn sie sich nicht immer auch des räumlichen Umfeldes bewußt wäre, der Anordnung und Verteilung der Dinge, die sie umgeben, wenn sie sich nicht auch immer selbst, in ihrem Umfang und ihren Bewegungen wahrnähme? Doch kann dieses Bewußtsein, kann diese Wahrnehmung in einer Gesellschaft, die aus so vielen einzelnen Menschen besteht, je etwas anderes sein als eine Art Aufrechnung vielfältigster morphologischer Bilder, die im Geist ihrer Mitglieder entstehen? Sie kann, in dem Maße, in dem sich diese Bilder gegenseitig vervollständigen und erhellen, und, derart neu geordnet und einander verpflichtet, zu Bestandteilen der Vorstellung einer Gesamtheit werden, die über sie hinaus reicht.

Etwa eine Gruppe von Gelehrten, die versucht, eine bestimmte Frage zu beantworten. Erste Schritte dazu werden von vielen unternommen, einige gehen dann weiter, bis schließlich einer von ihnen die Lösung findet. Wenn nun diese Lösung und die entsprechende Vorgehensweise bekannt ist, werden diejenigen, die mit ihren Versuchen scheiterten, doch einsehen können, daß diese Versuche als Annäherungen an jene spätere Lösung verstehbar sind, daß diese also in gewissem Maße schon in ihnen enthalten war. Und dennoch ist die genaue Lösung mehr, etwas anderes als eine bloße Aufrechnung aller früheren Lösungsversuche, weil sich eben erst durch sie erklärt, was an jedem von ihnen richtig gewesen ist, und sie all jene Versuche dennoch übersteigt. Vielleicht läßt sich derart sinnfällig machen, auf welche Weise sich kollektive Vorstellungen im individuellen Geist verwirklichen.

Wie könnte irgend eine menschliche Gruppe, die doch immer selbst, in ihren ureigenen Lebensvollzügen, aus tätigen, wirkmächtigen Vorstellungen besteht, an solch einem gemeinsamen Bewußtsein ihres Verhältnisses zum Raum vorbei? Wenn man aus dem Schlaf erwacht, ist das erste Gefühl das, welches man von der Lage seines Körpers hat, seiner Glieder, seiner Ausrichtung im Raum, im Verhältnis zu den Möbeln, den Zimmerwänden, zum Fenster. Es sind dies die tiefsten Grundfesten unseres geistigen Lebens, auf denen sich alles andere erhebt. Ebenso die menschliche Gruppe: das Bewußtsein, das sie von ihrer Gestalt und ihren Bewegungen erlangt, ist Grundlage allen gesellschaftlichen Lebens. Aber bleiben wir beim einzelnen Menschen. Er hat in gewisser Weise das Bedürfnis, festen Fuß im Raum zu fassen. Der Raum, die Körperwelt, sie sind beständig, ihre Formen dauern unverändert an, und wenn sie sich ändern, dann nach festen Gesetzen, Regelmäßigkeiten, die in uns ständig eine Art Gleichgewichtsgefühl aufrechterhalten und wiederherstellen. Nun ist aber gerade dies Bewußtsein, das wir von unserem Körper haben, seiner Gestalt und dem, was ihn umgibt, Grundbedingung unseres geistigen Gleichgewichts. Wenn es sich verändert, werden sich verschiedene seelische Störungen einstellen, von bloßen Sinnestäuschungen bis zum völligen Wahn. Und genauso in der kollektiven Welt. Das soziale Denken würde sich der Gefahr aussetzen, manisch, inkohärent zu werden, würde sich mit allerlei Hirngespinsten beschäftigen, in Träumen und Einbildungen auflösen, wenn es sich nicht auch immer den Umfang und die Gestalt der Gruppe vorstellte, ihre regelmäßigen Bewegungen in der materiellen Welt. Zweifellos entsteht dadurch eine Art Eigengewicht, eine Haltung, die in Gegenwart dieser Formen dazu neigt, selbst unbeweglich zu werden. Doch es ist dies eine notwendige Fracht, das Gepäck einer Gesellschaft, die in solchen Formen ihre ganzen Errungenschaften, ihre ganze Lebenskraft bewahrt.

Stephan Egger

Soziale Form und praktischer Sinn

Zu einer Morphologie des kollektiven Menschen bei Maurice Halbwachs

Ein schmales, unscheinbares Buch bezeichnet das vorläufige Ende der jahrzehntelangen Beschäftigung mit einem bemerkenswerten Gedanken, und dennoch: als Maurice Halbwachs in den späten dreißiger Jahren seine *Morphologie sociale* veröffentlicht, Ertrag einer Arbeit, deren Anfänge bis zum Beginn des Jahrhunderts zurückreichen, erfüllt sich eines der frühesten Versprechen der jungen Soziologie – die Fragen allerdings, um die es ursprünglich ging, sind damals längst aus dem Blickfeld der »Wissenschaften vom Menschen« verschwunden. Für Halbwachs aber bleiben sie bis zuletzt bestimmend, führen geradewegs zu ihren gemeinsamen Grundlagen: »soziale Morphologie«, das war jenes von Durkheim abgesteckte »Gebiet«, gleichzeitig eine »Lesart« solcher gesellschaftlichen Tatbestände, in denen das kollektive Leben, die kollektive Arbeit des Menschen an der Welt sichtbare, greifbare Gestalt annimmt. Und hat man einen derartigen Zuschnitt des Gegenstandsbereiches vor Augen, dann wird in der Tat verständlich, weshalb einer der wenigen Erben Durkheims im Verlauf seines Schaffens, das doch so überaus breit angelegt ist, immer wieder dorthin zurückkehrt: zu den materiellen Formen des Sozialen, dem dinglichen »Ausdruck« des gesellschaftlichen Lebens.

Denn daß Halbwachs diesen Gedankenkreis als erster in einer Weise ausarbeitet, die den Gehalt, die epistemologische Tragweite des durkheimschen Entwurfes im eigentlichen Sinne entfaltet, bezeugt nicht nur den ungebrochenen Einheitswillen in den »Wissenschaften vom Menschen«, der die *école sociolo-*

gique vor allem anderen auszeichnete: obwohl er das Gespräch mit den Nachbarfächern nie abreißen ließ, hat Halbwachs wohl gesehen, daß Ethnologie und Anthropologie, daß Demographie und »Humangeographie«, die sich alle auch mit »morphologischen« Sachverhalten beschäftigten, den universellen Grundzug der Fragestellung eigentümlich verfehlten. Sondern mit diesem Einheitswillen verbindet Halbwachs eine »phänomenologische« Wahrnehmung, die den Schüler Henri Bergsons und seine Morphologie bis tief in die Bereiche der »lebendigen« Beziehung des Menschen zu den Dingen versetzt – die »soziale Morphologie« reicht bei Halbwachs vom materiellen Gepräge historischer Gesellschaften bis hin zur Prägung eines »Lebensgefühls« in der modernen Großstadt. Wie findet Halbwachs den Weg durch dieses Gebiet, das scheinbar so Unterschiedliches auf engsten Raum zusammenbringt?

Vom »Substrat« des gesellschaftlichen Lebens – Durkheim, Halbwachs und der Entwurf einer »sozialen Morphologie«

Über das »Urheberrecht« am Begriff wenigstens gibt es keine Zweifel, das Wort von der »sozialen Morphologie« geht auf Durkheim zurück, es bezeichnet eine im zweiten Jahr der *Année sociologique* neu eingerichtete Abteilung und sein Schöpfer liefert dort auch einen ersten Entwurf des dazugehörigen »Programms«:[1] das soziale Leben beruht auf einem an Gestalt und Größe fest umrissenen »Substrat«, und es bestimmen dieses Substrat die Masse der zu einer Gesellschaft gehörenden Einzelwesen, die Art und Weise ihrer räumlichen Verteilung, die Beschaffenheit und Gestaltung sämtlicher Dinge, von denen ihre kollektiven Beziehungen in irgendeiner Weise berührt werden – weiter läßt sich der Einzugsbereich dieser »neuen« Wissenschaft wohl kaum fassen. Denn nichts anderes meint Durkheims »soziale Morphologie«: ein eigenes Forschungsgebiet, dessen Grenzen mit den Grenzen einer eigenen, einheit-

1 Vgl. Durkheim, Morphologie sociale, *Année sociologique* 2, 1897/98, S. 520f.

lichen Gattung von Gegenständen zusammenfallen, den materiellen Formen des Sozialen. Daß Durkheim mit einer derartigen Zumessung des Untersuchungsbereichs erneut ein epistemologischer *coup* gelungen war, auch dies steht außer Zweifel: die »soziale Morphologie« bildet den zweiten Schritt einer thematischen Neuordnung und Verallgemeinerung der »faits sociaux« *quer* zu den bestehenden Fächern. Mit seiner »kollektiven Psychologie« verband sich der Anspruch, jenseits von Philosophie und Geschichte, Psychologie und Ökonomie *alle* sozialen Tatbestände als selbstursprünglich, und ihrem Wesen nach als *kollektive Repräsentationen* unter dem Dach einer *einzigen* »Wissenschaft vom Menschen« zu versammeln, die »soziale Morphologie« nun weitet dieses Projekt auf die *materiellen* Zustände des sozialen Lebens aus – Auseinandersetzungen mit der zeitgenössischen Ethnologie und Anthropologie, der Geographie und Demographie mußten sich hier geradezu zwangsläufig einstellen. Denn die Rationalität dieser Neuordnung der Gegenstände schien ja nicht zuletzt so bezwingend, weil diese selbst noch jungen Fächer mit ihren klassifikatorischen Bemühungen dort in Erklärungsnot kamen, wo der Frage nach dem Wesen ihres Gegenstandes nicht mehr anders beizukommen war als durch den mehr oder weniger ausdrücklichen Hinweis auf die – in Wirklichkeit höchst durchlässigen – »faktischen« Grenzen der eigenen Disziplin. Für Durkheim aber sind alle diese Tatbestände aus einem, dem epistemologischen Guß der »kollektiven Psychologie«, und sie wurden nirgendwo derart sichtbar, derart »positiv« wie in der »sozialen Morphologie«: mit ihr hatte er, wenn auch nur vorläufig und umrißhaft, den epistemologischen Kreis »seiner« Wissenschaft geschlossen. Die Einlösung dieses Versprechens einer »sozialen Morphologie« allerdings besorgten andere, zunächst auch Marcel Mauss, dann aber, und in einer Deutlichkeit, von der Durkheims Entwurf weit entfernt geblieben war: Maurice Halbwachs.

Als Halbwachs Anfang des Jahrhunderts zur *école sociologique* stößt, sind zumindest einige Schwergewichte seines späteren Schaffens schon erkennbar. Beiträge zu einer Theorie der Arbeiterklasse, nicht zuletzt vor dem Hintergrund einer Kritik des Marginalismus, wie sie sein Wegbegleiter und Freund Simiand, der »Ökonom« der Schule, seit dieser Zeit entfaltet, dazu auch eine beeindruckende Zahl von Besprechungen, die sich gerade der deutschen Nationalökonomie widmen – Halbwachs wird kurz vor dem ersten Weltkrieg in seinem Buch *La Classe ouvrière et les niveaux de vie* diesen Gedankenkreis eindrucksvoll verdichten. Dann erste Arbeiten zu einer Soziologie der Großstadt, umrahmt wiederum von vielen Buchbesprechungen, all dies findet in einer großen Untersuchung, *Les Expropriations et le prix des terrains à Paris*, seinen Niederschlag. Schließlich Veröffentlichungen zu allen wesentlichen Fragen der damaligen »Socialstatistik«, auch sie in einem Buch, *La Théorie de l'homme moyen*, einem Versuch über Quetelet und die »statistique morale« versammelt.[2] Nun sind die Überschneidungen gerade dieses letzten Bereichs mit Durkheims »sozialer Morphologie« augenfällig: daß der Entwurf des Schulgründers vor allem auf »Bevölkerungstatbestände« zielte, hat selbst Maurice Halbwachs nie bestritten. Und auch die ersten Ansätze zu seiner »Morphologie der Großstadt« lassen sich noch im Umfeld jenes Überschneidungsbereichs von Bevölkerungswissenschaft, Geographie und »Kulturgeschichte« einordnen, denen Durkheims Aufmerksamkeit in besonderem Maße galt: die Beschäftigung mit den Arbeiten der unter dem Einfluß von Tönnies entstehenden deutschen »Sozialgeographie« und der »Anthropogeographie« Friedrich Ratzels und seiner Anhänger bildet einen ganz wesentlichen Teil der von Durkheim und Halbwachs fast im Alleingang bestrittenen sechsten Abteilung der *Année sociologique* – der Abteilung »soziale Morphologie«. Der Strang seines Werks allerdings, mit dem Halbwachs den Bogen von der *Classe ouvrière* bis zum »Entwurf einer Psychologie sozialer Klassen«, von seinen Arbeiten im Bereich der »kollektiven Psychologie« bis schließlich

---

2 *La Classe ouvrière et les niveaux de vie. Recherches sur la hiérarchie des besoins dans les sociétés industrielles contemporaines*, Paris 1912, Neuauflage Paris, London, New York 1970; *Les Expropriations et le prix des terrains à Paris (1860-1900)*, Paris 1909; *La Théorie de l'homme moyen, essai sur Quetelet et la statistique morale*, Paris 1913.

zur berühmten *Mémoire collective* spannt,[3] er scheint damals weder »fertig« zu sein, noch entscheidende Berührungsstellen zu eben dieser »sozialen Morphologie« aufzuweisen. Tatsächlich sind aber von Anfang an die Zusammenhänge enger, als es die Vielgestaltigkeit des von Halbwachs hinterlassenen Werks nahelegt, mehr noch: die Gegenstandsbereiche, auf die sein Denken sich im Lauf der Jahre erstreckt, werden alle von einer immer genauer arbeitenden »Intuition« ineinander gewoben, deren Bewegung zwischen »kollektiver Psychologie« und »sozialer Morphologie« doch immer den *praktischen Lebensvollzügen* des gesellschaftlichen Menschen gilt.

Und es ist dieser sich immer weiter öffnende Hintergrund, vor dem Halbwachs dann der »sozialen Morphologie« Durkheims feste Umrisse gibt, sie gleichzeitig erweitert, vertieft, sie neu »erfindet«. Denn auf der einen Seite entwickelt sich während seiner Auseinandersetzungen mit der zeitgenössischen Bevölkerungswissenschaft jene Morphologie »im engeren Sinn«, die gegen alle biologistischen Versuchungen oder aber mathematischen Verkürzungen den epistemologischen Gehalt dieser Art von »sozialen Tatbeständen« erneut in den Bereich der »kollektiven Psychologie« Durkheims einstellt. Halbwachs leistet aber sehr viel mehr: er benennt zunächst den Ursprung der »Beschaffenheit und Gestaltung sämtlicher Dinge«, die das kollektive Leben der Menschen »in irgendeiner Weise berühren«, seine Morphologie »im weiten Sinn« zielt, spätestens seit der *Classe ouvriére*, auf die einzig sinnvoll faßbaren »Gesamtheiten« einer »kollektiven Psychologie«, auf *soziale Gruppen* und ihre Überzeugungen, Haltungen, Neigungen, Bedürfnisse, ihre ganze »Lebensweise« – und jene Zeichen, die ihre praktischen Lebensvollzüge an der materiellen Welt hinterlassen. Daß dabei die großen gesellschaftlichen »Ordnungen und Mächte«, Religion, Politik, Ökonomie, diese Welt, ihre materielle Gestalt ganz nachhaltig geprägt haben und immer noch prägen, ist einer der Wege, den Halbwachs ganz selbstverständ-

3 *Esquisse d'une psychologie des classes sociales*, Paris 1955, zuerst Brüssel 1938; *La Mémoire collective*, Paris 1950.

lich beschreitet, ein anderer führt zum »kulturgeschichtlich« so bedeutsamen Gegensatz von Stadt und Land, und dort vor allem: in das »Laboratorium« der neuen Welt, die moderne Großstadt. Immer sind es aber die materiellen Hervorbringungen sozialer *Gruppen*, ein materielles »Gepräge«, das *sie* dem Raum verleihen, worauf es Halbwachs überall ankommt: hier schaffen sie sich, mehr oder weniger bewußt, oft nur einer Art »Überlebenstrieb« gehorchend, Körper und Selbstbildnis zugleich, die Grundlagen, das »Substrat« jener kollektiven Psychologie, in dem sie sich zuerst, unmittelbar »begreift«.

Und schließlich nimmt Halbwachs noch eine dritte, ebenso folgenreiche Bestimmung des durkheimschen Entwurfes vor: die »Beschaffenheit und Gestaltung« der materiellen Dinge, jene sozial, von sozialen Gruppen geschöpfte materielle Ordnung, »berührt« nicht nur ihre »kollektive Psychologie«, sie wird zur »unmittelbaren Gegebenheit des sozialen Bewußtseins«, durchdringt die ganze »Lebenswelt«, gibt dem »kollektiven Gedächtnis«, der Gesamtheit der praktischen Lebensvollzüge ihren Halt, und das Gespür für diese »Körperlichkeit« der Gruppe reicht zuletzt auch dahin, wo sie sich, ihre Verfassung, auch im Strome der »Tatbestände« des Bevölkerungsverhaltens wiederfindet – mit seiner »sozialen Morphologie« hat Halbwachs den von Durkheim angedeuteten epistemologischen Kreis einer »Wissenschaft vom Menschen« weiter ausgemessen als je zuvor. Denn er dehnt ihren Einzugsbereich in einer Weise aus, daß der letzte Anklang an wie immer geartete »substantialistische« Vorstellungen bis an die Wurzel ausgetilgt wird. Das »Substrat«, die Unterlage, Grundlage jener »kollektiven Psychologie«, in der diese Wissenschaft aufgehen sollte, ist dort, wo sie ihr zum Gegenstand wird, noch weniger als das, was die abendländische Philosophie darunter verstand: eigenschaftslose »Substanz« eines Dinges als Träger seiner Eigenschaften zu sein – hier geht es, für die Zwecke *dieser* Wissenschaft, *völlig* in seinen »Eigenschaften«, seinem Ursprung und seiner Wirkung in der »kollektiven Psychologie« auf, als Ausdruck kollektiver Vorstellungen. Diese Einsicht, sie steht am Beginn der durkheimschen Soziologie, ihre ganze Tragweite hat aber erst Halbwachs deutlich gemacht. Sein Weg dorthin ist weit, verläuft über Umwege, doch eine der entscheidenden Spuren hinterläßt die Auseinandersetzung mit der damaligen »Bevölkerungswissenschaft«, einer Wissenschaft, der Halbwachs ihren eigentlichen Gegenstand erst vor Augen führen sollte.

Demographie und Soziologie – Eine epistemologische Neufassung der »sozialen Physik«

Maurice Halbwachs hat sich früh mit Fragen des Bevölkerungsverhaltens beschäftigt, wodurch und wie diese Neigung sich entwickelte, können wir nur vermuten. Vielleicht war es zunächst der Eindruck des Lehrers Bergson, der in ihm ein Gespür für die tiefen, »vitalen« Grundlagen des menschlichen Lebens weckte, etwas später, als junger *normalien*, setzt sich Halbwachs dann mit der Philosophie Leibnizens auseinander, eine der Erfahrungen hier ist wohl der Blick auf die Entstehungszeit einer »mathematischen Kultur« in den neuzeitlichen Wissenschaften.[4] Als Halbwachs sich schließlich, längst zur durkheimschen Soziologie »bekehrt«, Quetelet und seinem »Durchschnittsmenschen« zuwendet, bewegt er sich schon inmitten ihrer »Vorgeschichte«: Comte, Saint-Simon, eben auch Quetelet, ihre Versuche, die Gesetze einer »sozialen Physik« zu bestimmen, sie zeigen Halbwachs das frühe Bild einer »positiven« Wissenschaft, die ihren Gegenstand noch nicht recht finden konnte. Der gelernte Philosoph, während dieser Zeit für Mathematik, Recht und Ökonomie eingeschrieben, wird zum Statistiker, er sucht das Gespräch mit der Demographie, als sich das »Fach« gerade zu festigen beginnt, immer aber sind es *soziologische* Fragen, die er stellt – nach den *kollektiven* Vorgängen, die ihrem ersten »Substrat«, den demographischen Erscheinungen, der »eigenschaftslosen Substanz«, ihr Zeichen aufprägen.

---

4 *Leibniz*, Paris 1907, zweite, erweiterte Auflage Paris 1928, in der Halbwachs nicht nur eine höchst eigenwillige Deutung der Monadologie und des Körper- und Substanzbegriffs entwickelt, sondern auch Bezüge zu seiner »Philosophie« des Gedächtnisses, vgl. vor allem S. 99-117.

Daß sich die damalige Bevölkerungswissenschaft solchen Fragen zunehmend öffnet, ist tatsächlich auch das Verdienst von Halbwachs, Simiand oder Alfred Sauvy. Demographie und Statistik werden zwischen den Kriegen zu anerkannten Forschungszweigen, erobern in Frankreich wie fast überall die staatlichen Verwaltungen, die Hochschulen. Halbwachs, früh Mitglied der *Société de statistique de Paris*, wird einer der großen Vermittler zwischen den Fächern, führt die französische Soziologie, bis weit in die dreißiger Jahre hinein noch von ihren philosophischen Ursprüngen geprägt, heran an die Welt der Zahlen, trägt mit zum Aufschwung solcher statistischen Untersuchungen bei, wie sie etwa Le Bras im Bereich der Religionssoziologie oder Siegfried mit seiner »politischen Geographie« geleistet hatten, steht zunächst in regem Austausch mit Adolphe Landry, auch er Freund Simiands und einer der bedeutendsten französischen Demographen der Zeit. Und Halbwachs schreibt zusammen mit Maurice Frechet ein Buch über den eben erst in Gebrauch kommenden mathematischen Probabilismus, mit Sauvy einen großen Beitrag über die Entwicklung und Verteilung der Weltbevölkerung für die *Encyclopédie française*, im Lauf der Jahre zahllose Besprechungen von Arbeiten aus dem Bereich der Bevölkerungsstatistik und Migrationsforschung, und er veröffentlicht selbst einige grundlegende Schriften, über die biologischen Faktoren des Bevölkerungsverhaltens, das Verhältnis der Geschlechter bei der Geburt, die Eheschließungen in Frankreich vor und während des Krieges, zuletzt ein Buch zu den neueren Entwicklungen in der Sozialökonomie und Demographie – innerhalb des weiten Überschneidungsbereichs dieser Fächer ist Halbwachs eine der herausragenden Gestalten.[5] Und

---

5 Frechet und Halbwachs, *Le Calcul des probablités à la portée de tous*, Paris 1924; Halbwachs und Sauvy, L'espèce humaine. Le point de vue du nombre, *Encyclopédie française*, Band VII, Paris 1936; Les facteurs biologiques de la population, *Revue philosophique* 119, 1935, S. 285-303; Recherches statistiques sur la détermination du sexe à la naissance, *Journal de la Société statistique de Paris* 74, 1933, S.-5-32. La nuptalité en France pendant et depuis la guerre, *Annales sociologiques*, Reihe E, 1. Heft, 1935, S. 1-46; *Sociologie économique et démographie*, Paris 1940. Vgl. insgesamt Rémi Lenoir, Halbwachs sociologue ou démographe?, in Christian de Montlibert (éd.), *Maurice Halbwachs (1877-1945)*, Strasbourg 1997, S. 47-61.

dennoch bleibt diese tiefgehenden Auseinandersetzung mit der zeitgenössischen Bevölkerungswissenschaft eine wesentlich »kritische«: gegen alle mathematischen Abstraktionen oder biologischen Konkretismen besteht Halbwachs auf der epistemologischen Einheit ihres Gegenstandes als »sozialen Tatsachen«, Tatsachen einer »kollektiven Psychologie«.

Dabei ist die gezielte Abgrenzung von den unterschwelligen Voraussetzungen der demographischen Rechenkunst schon bei seiner Beschäftigung mit Quetelet bestimmend: weder sagt uns der »Durchschnittsmensch« etwas über den wirklichen Menschen – die gedankenlose Unterstellung einer mathematisch faßbaren Homogenität *physischer* als das Wesen auch *sozialer* Tatbestände verwischt völlig die zwischen ihnen verlaufenden epistemologischen Grenzen. Noch ist die Unterscheidung Quetelets zwischen einem physischen und einem »moralischen« Menschen statthaft: demographische Erscheinungen sind weder physische noch im engeren Sinne »moralische«, sondern *soziale* Tatbestände in ihrer ganzen, *diskontinuierlichen* Komplexität.[6] Dabei können uns die Statistiken selbst *nichts* über die *Natur* dieser Tatbestände lehren, sondern nur ihre großen Züge, ihre Abweichungen und Unterschiede sichtbar machen. Vor allem aber liefern sie niemals selbst die Erklärungsgrundlagen von Erscheinungen, sondern stellen sie nur auf ihre Weise dar[7]. Über dieses Verhältnis von Gegenstand und Methode legt sich aber die mathematisch-statistische Demographie, wie sie damals von Robert Kuczynski und Alfred Lotka vertreten wird, keinerlei Rechenschaft ab: sie geht auf der einen Seite von homogenen physischen Tatbeständen im Bereich des Bevölkerungsverhaltens aus, und versucht dann, Geschlecht, Alter, Sterblichkeit oder Fruchtbarkeit als mathematische Abstraktionen zu behandeln. Doch es sind dies weder einfache Tatbestände des »Lebens«: soziale Gruppen formen die organische Bedingungen des Bevölkerungsverhal-

---

6 Note sur l'application de certains procédés analytiques à l'étude de la population, *Annales sociologiques*, Reihe E, 2. Heft, 1937, S. 84-88.

7 *Morphologie sociale*, Paris 1938, Neuauflage 1970, S. 102.

tens durch eine ganze Ordnung kollektiver Regeln. Und die mathematische Abstraktion ebnet zudem eine ganze konkrete Fülle von Bedingungen in einem Bereich ein, dessen Komplexität sich nirgendwo den Regelmäßigkeiten mathematischer Ausdrücke beugt:[8] die Wahrscheinlichkeitsrechnung, jüngster Ausdruck dieses naiven Gegenstandsverständnisses, vergißt völlig, daß das Verhalten menschlicher Gruppen nicht dem mathematischen Zufall gehorcht,[9] sondern konsistente und diskontinuierliche Gesamtheiten verfügt, um deren *Variationen* es einer Bevölkerungswissenschaft gehen muß, Unterschiede, hinter denen immer kollektive Vorstellungen und Neigungen, ganze »Lebensweisen« stehen.

Ebenso scharf fällt bei Halbwachs schließlich auch das Urteil über die biologischen Konkretismen des »demographischen Denkens« aus: in einer ganzen Reihe von Arbeiten zeigt Halbwachs, daß die gelehrten Fiktionen eines »Optimums« oder des »Gleichgewichts« der Bevölkerung, eines »durchschnittlichen« Heiratsalters, daß diese Begriffe allesamt falsche biologische Anschauungen mit »Wünschbarkeiten« auf unselige Art und Weise miteinander vermischen. Weder der mathematische Probabilismus noch der naive Biologismus kennen ihren Gegenstand: im Bereich der sozialen Welt gibt es keine *materiellen* Verifikationen und biologische Vorstellungen sind hier niemals geeignet, um kollektive *psychologische* Tatbestände zu erfassen. Vor allem der Begriff vom demographischen »Gleichgewicht« ist eine Fiktion: gegen Adolphe Landry stellt Halbwachs heraus, daß es gerade die Unterschiede, die Abweichungen vom »Mittel« sind, welche uns zu den sozialen Ursprüngen des Bevölkerungsverhaltens führen – die naturalistische Auffassung von einem Gleichgewicht der Geschlechter etwa, die Halbwachs schon bei Quetelet bemängelt hatte,[10] sie erkennt ihre biologischen Grundlagen überhaupt

8 *Recherches statistique sur la détermination du sexe à la naissance*, S. 185.

9 L'expérimentation statistique et les probabilités, *Revue philosophique* 96, 1923, S. 340-371. Vgl. auch Olivier Martin, Raison statistique et raison sociologique chez Maurice Halbwachs, *Revue d'histoire des sciences humaines* 1, 1999, S. 69-101.

10 *La Théorie de l'homme moyen*, S. 82.

erst, seit die moderne Kultur dieses Gleichgewicht hergestellt hat. Und zu welcher Gattung von Tatbeständen sollten die »Lebenszyklen« von Klassen oder Nationen gehören, von denen Corrado Gini damals sprach? Die Unsinnigkeit solcher Vorstellungen hat Halbwachs immer wieder offengelegt: sie erklären nur sich selbst. Denn hinter demographischen Tatbeständen, das ist der ständig wiederholte epistemologische Einwand, stehen immer soziale Tatbestände, Tatbestände einer »kollektiven Psychologie«.[11]

Halbwachs macht dies in allen seinen Arbeiten zur Demographie deutlich: dem mathematischen und biologischen Denken in der Bevölkerungswissenschaft ist gemeinsam, daß dort eine »natürliche«, physische Ordnung vorausgesetzt wird, homogen, bestehend also aus identischen Elementen. Tatsächlich kann es aber, dies zeigt Halbwachs sehr genau, nur um soziale *Gruppen* gehen, um kollektive Neigungen, Haltungen, Überzeugungen – von keinen anderen realen Gesamtheiten als diesen läßt sich in der Demographie sprechen. Und diese Gesamtheiten sind keine greifbaren »Gegenstände«, kein noch so lückenloser Kreis einer mathematischen oder biologischer »Evidenz« kommt daran vorbei, daß wir es hier nicht mit homogenen physischen Tatsachen zu tun haben, sondern mit »Dingen«, deren Konsistenz, deren Homogenität sich aus sozialen Tatbeständen ergibt, die gegen jeden mathematisch-statistischen Nominalismus, gegen jeden biologischen Positivismus, *konstruiert* werden müssen – als Gesamt kollektiver Repräsentationen, die ihnen allein »Sinn« geben, einen Sinn, der hinter jener von Halbwachs immer wieder beschworenen Einheit al-

---

11 Es ist deshalb völlig unverständlich, weshalb Georges Friedmann, einer der Schüler von Halbwachs, hier die widerspruchslose Übernahme einer biologischen Zugangsweise unterstellen konnte – für die sich der »Materialist« Friedmann im Übrigen durchaus aufgeschlossen gibt, vgl. *Kölner Zeitschrift für Soziologie und Sozialpsychologie* 30, 978, S. 200-205. Ebenso unverständlich ist auch die Behauptung, Halbwachs begreife seine soziale Morphologie »eindimensional demographisch«, so aber Hans Krämer in Wilhelm Bernsdorf und Horst Knospe, *Internationales Soziologenlexikon*, Stuttgart 1980, S. 166-167. Daß die Demographie bei Halbwachs ganz in den Bereich *sozialer* Tatbestände gehört, ist hier offensichtlich ebensowenig nachvollziehbar gewesen wie seine Morphologie »im weiten Sinn« überhaupt ins Blickfeld kam.

ler sozialen Tatbestände wirkt. Der Mensch ist ein biologisches, physisches Wesen, aber die menschliche Gattung war seit jeher nicht nur fähig, sondern auch darauf bedacht, an ihrem biologischen »Substrat« einen kollektiven Einfluß geltend zu machen: demographische Phänomene entstehen *als solche* nur innerhalb menschlicher *Gruppen*, sind Ausdruck ihrer »Motive«, und sie haben jene »äußerliche« Kraft, die Kraft von »Gesetzen« deshalb, eben *weil* sie immer kollektiver Natur sind.

Wenn nun aber diese »kritische«, die epistemologische Arbeit an den gedanklichen Voraussetzungen der zeitgenössischen Demographie bereits als eigene Leistung seiner Morphologie »im engen Sinne« gelten kann, dann bleiben doch gerade ihre »positiven« Errungenschaften das große Verdienst des Maurice Halbwachs. Denn an jenem Grundgedanken einer ganz und gar kollektiven Natur des Bevölkerungsverhaltens nimmt Halbwachs schließlich eine ganz eigentümliche, in ihrer Tragweite regelrecht atemberaubende »Vertiefung« vor: er weitet nicht nur Durkheims Vorstellung von der überragenden Bedeutung solcher »Bevölkerungstatbestände« für die Verfassung und Entwicklung von Gesellschaften erheblich aus, eine Wendung, deren »kulturgeschichtlicher« Zug unübersehbar ist. Sondern vor allem verlegt Halbwachs den Bereich dieser Tatbestände an die Fundamente der *conscience collective*: wenn schon die »materiellen Formen« einer Gesellschaft sie selbst durch das Bewußtsein beeinflussen, welches wir von ihnen gewinnen, also die Tatbestände einer Morphologie »im weiten Sinn« zu den »unmittelbaren Gegebenheiten des sozialen Bewußtseins«, in die Tiefenschichten einer kollektiven Psychologie gehören, dann gilt dies für Tatbestände des Bevölkerungsverhaltens umso mehr, sind ihre »Gesetze« einem unmittelbaren, fast physischen »Sinn«, einer kaum bewußten, verschwommenen »Intuition« für den »Körper« einer Gesellschaft geschuldet, kollektiven Repräsentationen seines Umfangs und seiner Lage, seiner Bewegungen und seines Wachstums. Denn wie kommt es, daß solche Vorgänge, die sich innerhalb von Bevölkerungen abspielen, und von denen wir nur sprechen können, wenn sie *massenhaft* vonstatten gehen, eine bestimmte Richtung, gewisse »Muster« aufweisen? Sobald wir uns nun weigern, für diese Erscheinungen »natürliche« Gesetze verantwortlich zu machen, die derart diskontinuierliche Vorgänge nicht erklären können, sondern nur das *Verhalten* der Menschen, müssen ihrem kollektiven »Zug« auch irgend geartete *Repräsentationen* ihres kollektiven Charakters vorausgegangen sein: Halbwachs findet sie am Urgrund aller »kollektiven Psychologie«, in ihrer ganzen Konkretheit untrennbar verwoben mit den materiellen Formen des sozialen Lebens, sie selbst Bild und Rahmen jener Gruppen und ihrer »Lebensweisen«, denen eine »Wissenschaft vom Menschen« immer zu gelten hat. Halbwachs schließt hier »seinen« epistemologischen Kreis, und er durchzieht sehr viel tiefere Bereiche der menschlichen Lebensvollzüge, der »Lebenswelt«, als dies bei Durkheim zunächst ersichtlich war: jene Schichten der kollektiven Psychologie, in denen sich die Repräsentationen des gesellschaftlichen »Körpers« ablagern, sie gehen über auf die »unmittelbare« Wahrnehmung der materiellen *Formen*, in denen menschliche Gruppen ihr »Selbstbild« und ihre Stütze finden, eine Verfassung von Lebensweisen, deren Eigenart sich über diese materiellen Formen bis in ihren »Körper«, seine Verfassung, seine Erneuerung, seine Bewegung zurückwendet. Von der Prägekraft dieser Lebensweisen erzählt Halbwachs überall, von einer »Psychologie sozialer Klassen«, dem schier unüberbrückbaren Gegensatz der ländlichen, der bäuerlichen und der städtischen »Kultur«. Wie sie selbst in die großen Ordnungen des gesellschaftlichen Lebens eingebettet sind, dies veranschaulicht er auch an den Spuren, die Religion, Politik, Ökonomie in den materiellen Formen der Gesellschaft hinterlassen haben – in einem Universum der »sozialen Formen«, das nur *sozialen* Gesetzen unterliegt.

Das Universum der »sozialen Formen« – Die materielle Welt im Prägestock des Kollektiven

Wenn uns die materiellen Formen des sozialen Lebens ins »Innere« der gesellschaftlichen Wirklichkeit selbst führen, uns oft erst ermöglichen, Zustände und Wandlungen gesellschaftlicher Gruppen und ihrer Lebensweisen zu beschreiben, dann sind es doch eben diese *Gruppen*, von denen die soziale Morphologie »im weiten Sinn« zu handeln hat: sie allein können ihr zum Gegenstand, zu einem Gegenstand der »kollektiven Psychologie« werden. Halbwachs dringt nun bis zu jener eigentümlichen Dialektik von kollektivem Gepräge und kollektiver Prägekraft der materiellen Welt vor, die »Form« und »Inhalt« des Gruppenlebens *praktisch* verschränkt, eine Dialektik, die er schon mit seiner sozialen Morphologie »im engen Sinn« umrissen, bei den Tatbeständen des Bevölkerungsverhaltens wirksam gesehen hatte: alle materiellen Formen, die soziale Gruppen hervorbringen, in denen sie ihr Leben »einrichten«, mit denen sie ihm eine Ordnung geben, diese Formen, kollektives »Zeichen« der Psychologie der Gruppe, schaffen ihr einen »Körper«, dessen sich die Gruppe auf unbestimmte Art und Weise bewußt wird, dessen Größe und Glieder, Lage und Bewegung wahrnimmt – der »Ausdruck« einer kollektiven Arbeit der Menschen an der Welt erlangt eine Wirklichkeit, die sich nun in die Tiefenschichten des kollektiven Bewußtseins, der kollektiven Psychologie gesellschaftlicher Gruppen senkt. Und wenn dies physische »Substrat« der Gemeinschaft einen je besonderen, eigentümlichen Gehalt besitzt, dann weil diese materiellen Formen eine je eigene Ordnung kollektiver Lebensvollzüge, gemeinsamer Neigungen und Bedürfnisse, Gedanken und Verrichtungen widerspiegeln: die großen Kräfte des gesellschaftlichen Lebens, Kräfte, die den Menschen im *Innersten* ergreifen und das Dasein *äußerlich* prägen, Religion, Politik, Ökonomie, sie sind der Gegenstand einer sozialen Morphologie »im weiten Sinn«, mit der Halbwachs diese Dialektik der gestaltenden Arbeit des Menschen an der dinglichen Welt sinnfällig werden läßt.

Maurice Halbwachs, ein bewußtes Kind seiner Zeit, hat die großen bildnerischen Kräfte der Geschichte, um deren Bedeutung damals nicht nur in den »Wissenschaften vom Menschen« mit Eifer gestritten wurde, die »Ordnungen und Mächte«, von denen Weber sprach, in seiner sozialen Morphologie alle im Blick: früh schon gilt seine Aufmerksamkeit dem Erscheinungsbild, dem demographischen, politischen, ökonomischen Phänomen der Großstadt, auch nationalökonomischen Fragestellungen, in deren Umkreis gerade Max Weber, nicht unbedingt mit dessen »spiritualistischer« Deutung des modernen Kapitalismus, vielmehr der eindringlichen Darstellung seiner gewaltigen »kulturgeschichtlichen« Folgen besonderen Eindruck hinterläßt, die Berührung mit der Demographie, auch sie schärft den Blick für diese nachhaltigen Umwälzungen früherer Lebensweisen, die moderne Politik vom Absolutismus bis zum Nationalstaat, ihre durchdringende Gestaltung der kollektiven »Geographie«, dies alles ist Halbwachs gegenwärtig, als er seinem Entwurf die letzten Umrisse gibt. Und wenn dabei zunächst die Grundzüge einer »religiösen Morphologie« abgehandelt werden, dann ist es auch hier ganz zweifellos der kulturgeschichtliche Horizont, vor dem dies geschieht: einst jene Lebensmacht, die wie kaum eine andere ihre Spuren auf dem Angesicht der Erde hinterließ, ganzen Völkern ihr eigentümliches Gepräge verlieh, hat sie nun diese gestaltende Kraft verloren, sich zurückgezogen auf das Land, hinter die Grenzen der »alten«, einer vergangenen Welt. Halbwachs hat mit einigen anderen Arbeiten, seinen *Causes du suicide*, vor allem aber dem *Entwurf einer Psychologie sozialer Klassen* die tiefgehende Andersartigkeit des bäuerlichen Lebens beschrieben, in dem gerade die Religion – und sei es auch nur an seiner »Oberfläche« – so gegenwärtig war, in seiner religiösen Morphologie tritt nun die materielle Gestalt dieses Verhältnisses von Religion und »Lebensweise« kräftig hervor.[12]

Denn die materiellen Formen der Religion, und das heißt auch hier wieder: der religiösen *Gruppe*, sie zeigen uns jene

12 *Les Causes du suicide*, Paris 1930.

ganze spirituelle Welt, aus denen sie entstehen. Halbwachs greift hier zunächst auf eine Untersuchung von Gabriel Le Bras zurück, der zu eben dieser Zeit eine religiöse Geographie Frankreichs vorgestellt hatte und dabei auf erstaunlich klare regionale Grenzen der Religionsausübung gestoßen war. Schon diese Art der Morphologie, eine materielle Landkarte der tatsächlichen Verbreitung des Glaubens, konnte den Zusammenhang von bäuerlicher Lebensweise und Gestalt der religiösen Gruppe sinnfällig machen. Halbwachs fragt nun aber grundsätzlicher nach den materiellen Formen des religiösen Lebens. Die Grenzen der Ausbreitung einer Religion, die Dichte der religiösen Gruppen, ihre Wanderungsbewegungen, ihr Wachstum und ihr Niedergang, all dies sind morphologische Tatbestände ersten Ranges, und sie zeigen vor allem, daß wenn die Religion je eine Macht besaß, selbst ihr »Substrat« zu bestimmen, sie dies nur im Verein mit morphologischen Tatbeständen »im engen Sinn« konnte: ihre Grenzen, die Geschwindigkeit ihrer Ausbreitung, ihre Vermehrung stand immer Beziehung zu morphologischen Tatbeständen anderer Art, zu eigentlichen Tatbeständen des Bevölkerungsverhaltens, den Wanderungen, Eroberungszügen, der Fruchtbarkeit der Völker, im Verhältnis zur Ausbreitung und Verfestigung von Herrschaftsgebilden, der frühen städtischen Kultur, einer schon weit verzweigten Verkehrswirtschaft. Gleichwohl wird innerhalb einer religiösen Gruppe, einer Glaubensrichtung, einer Kirche, an ihren »eigenen« materiellen Formen noch etwas anderes sichtbar: es zeigt sich nicht nur der »Geist« des Glaubens, das Ausmaß seiner physischen »Beschwerung«, seines Verhältnisses zur »Welt«, seiner Bedeutung oder Randständigkeit im Leben der Menschen, in den materiellen Schöpfungen der religiösen Gruppe und der räumlichen Struktur des religiösen Körpers, sondern umgekehrt hat diese materielle Struktur der Kirche eigentümliche Auswirkungen auf ihre Dogmen und Riten, auf die Art der Glaubensvorstellungen und Frömmigkeit, und diese Dialektik von »Form« und »Sinn« macht Halbwachs überall erkennbar. Die Ansammlung eines Dorfes um die Kirche, die großen sakralen Bauten in den alten Städten, die

Entstehung von Klöstern, die Verwaltungsgliederungen dieser Herrschaft über die Seelen zeigen diesen »Geist« ebenso wie jene räumlichen Veränderungen, der rhythmische Fluß der Gläubigen, einen jeden Sonntag, in den Zeiten der Hochämter, bei Wallfahrten, all dies sind greifbare, materielle Erscheinungen, von denen eine religiöse Morphologie handeln muß – Halbwachs hat diese Verbindung von »Form« und »Sinn« nur wenige Jahre später am Verhältnis einer »Topographie« der Orte christlicher Verkündigung im Heiligen Land und dem »inhaltlichen« Wandel der katholischen Heilslehre im Verlauf der Jahrhunderte anschaulich gezeigt, und dieses Lehrstück zum »kollektiven Gedächtnis« ist zugleich auch glänzendes Beispiel aller Möglichkeiten einer sozialen Morphologie.[13]

Noch deutlicher zeichnen sich dann die materiellen Formen *politischer* Gruppen im physischen Raum ab, und kräftiger sind auch die Wirkungen ihrer materiellen Struktur auf das kollektive Bewußtsein. Halbwachs knüpft hier zunächst eine enge Beziehung zwischen der Gestalt politischer Gebilde und dem Umfang und der Dichte ihrer Bevölkerungen, ihren Siedlungsweisen, ihrer territorialen Ausdehnung, der Art ihrer militärischen Ordnung von der Antike über den Feudalismus bis zu den Anfängen des Nationalstaats, und er folgt dabei nicht zuletzt den Spuren Webers, dessen Herrschaftssoziologie nicht nur mit ihrer »universalhistorischen« Anlage, sondern einem unvergleichlichen *typologischen* Scharfsinn tief in das Gebiet morphologischer Tatbestände vordringt. Doch die »politische Morphologie« reicht bei Halbwachs weiter: wenn die Verfassung von Herrschaftsordnungen mitten im Überschneidungsbereich einer notwendigen und meist massiven Anhäufung materialer Strukturen und ihrem ebenso massiven Eindruck auf das kollektive Bewußtsein liegt, die politische Verfassung ein »Gebilde« im Wortsinn, ein beispielhafter morphologischer Tatbestand in dem Maße wird, in dem ihr materieller Zugriff auf das soziale Leben sich festigt und erweitert, dann sind

13 *La Topographie légendaire des Evanglies en Terre Sainte, étude de mémoire collective*, Paris 1941.

die Folgen für eine »kollektive Psychologie« schier unübersehbar. Die Ausstattung des *physischen* Raumes mit solchen Gebilden, jenen Bauten, Plätzen und Straßen, die der politischen Verfassung ein »Gesicht« verleihen, die materielle Ausbreitung politischer Einrichtungen im Zuge einer »Monopolisierung physischer Gewaltsamkeit« und ihre mit der territorialen Einschmelzung des Nationalstaats einher gehende morphologische Uniformisierung des Herrschaftsgebietes, dies alles erzählt von einem politischen Leben, das sich nicht zuletzt *durch* seine materielle Struktur Einlaß in die »Seelen« der Menschen verschafft: Herrscher und Untertanen, Regierende und Regierte, Beamte und Verwaltete, Parteien und Verbände, diese Gliederungen des politischen Kollektivs bezeugen einen »Geist«, Ergebnis einer »Zucht« kollektiver Wahrnehmungen, Vorstellungen und Neigungen, der das soziale Leben einfärbt und in der materiellen Welt seine Stütze findet. Daß uns schließlich diese politische Morphologie nicht nur über den sozialen »Körper« selbst Aufschluß gibt, mit der räumlichen Struktur seiner politischen und administrativen Gliederungen in enger Beziehung zur räumlichen Verteilung der Bevölkerung steht, sondern auch »Typen« von Lebensweisen und ihre Beharrungskraft veranschaulicht, ist eine letzte Einsicht, die Halbwachs vermittelt: Siegfrieds französische Wahlgeographie nimmt er zum Anlaß, erneut die Verankerung solcher regionalen politischen Teilungen dort freizulegen, wo demographische, religiöse, ökonomische Eigentümlichkeiten sich in einer »Lebensweise« verdichten, die auch das politische Leben nachhaltig prägen. Selbst wenn Halbwachs seine politische Morphologie nur in großen Zügen darstellt: sie lassen die Gestalt des Gegenstandsbereichs klar wie nie zuvor erkennen.

In seiner »ökonomischen Morphologie« verdichtet Halbwachs dann endgültig die immer wieder unumgänglichen Verweise einer jeden sozialen »Gestaltkunde« auf die gewaltigen Prägekräfte des menschlichen Wirtschaftens. Es sind ökonomische Tatbestände, in denen die materiellen Voraussetzungen des gesellschaftlichen Lebens und die materiellen Folgen der Arbeit des Menschen an der Welt wie nirgend sonst in den Vordergrund rücken. Dieser überwältigende materielle Aspekt im Ökonomischen, das stellt Halbwachs sehr deutlich heraus, ist in seinen morphologischen Gliederungen nun aber nicht im eigentlichen Sinne das »Bild« einer je bestimmten »Wirtschaftsordnung«: wenn wir uns die Geschichte der »Produktionsregime« ansehen, also einer mehr oder weniger festen *Herrschaftsverfassung* produktiver Arbeit, antike Sklaverei, den frühen Feudalismus, das mittelalterliche Zunftwesen, das kapitalistische Unternehmen, dann sind ihre *materiellen For*men, Größe und Dichte wirtschaftlicher Einheiten, Masse und Verteilung der arbeitenden Menschen, offenbar nicht zwangsläufig verschieden, stehen hier in keinem strengen ursächlichen Zusammenhang. Und auch die Art und das Ausmaß der *technischen* Gestaltung der Gütererzeugung ist hier nicht von entscheidender Bedeutung: nicht die Kräfte der Technik sind es, die zuletzt *soziale Gruppen* im Bereich des Wirtschaftens entstehen lassen. Halbwachs führt uns ein weiteres Mal das entscheidende Bedingungsverhältnis vor Augen: auch die materiellen Formen des Wirtschaftens sind allesamt *kollektiven* Ursprungs, sind »Ausdruck« der Vorstellungen, Neigungen, der Bedürfnisse gesellschaftlicher Gruppen, einer »kollektiven Psychologie«, wenn von ihnen innerhalb des Gegenstandsbereichs einer »Wissenschaft vom Menschen« sinnvoll gesprochen werden soll. Und so nimmt Halbwachs die »Produktionsformen«, die Formen der Gütererzeugung, ihre materiellen Gestaltungen in Augenschein: Größe der Unternehmen, Zahl der in ihnen beschäftigten Menschen, räumliche Verteilung und Dichte wirtschaftlicher Einheiten, eine Morphologie, die sich von der bäuerlichen Wirtschaftsweise, dem Verhältnis ihrer Aufteilung des Raumes und der Art des Gemeinschaftslebens bis zu den großen Ballungsräumen mit ihrer massenhaften Zusammenziehung von Arbeitskräften in der industriellen Produktion erstreckt – diese gewaltigen morphologischen Veränderungen, sie *zeigen* nicht nur »kulturgeschichtlich« höchst bedeutsame Umwälzungen, sondern sind *selbst* tief verstrickt in das Bedingungsgeflecht jenes Wandels, der das »kollektive Bewußtsein« im Zeichen der städtischen Zivilisation dann prägen wird. Halbwachs nimmt hier eine erstaunliche Umkehrung der Blickrichtung vor, setzt nun Tatbestände des Bevölkerungsverhaltens, morphologische Tatbestände »im engen Sinn« an den Beginn dieser ökonomischen Entwicklungen: es ist die Entstehung der *Städte*, dichter Bevölkerungen, die der aufkeimenden kapitalistischen Wirtschaftsweise »freie« Arbeit zur Verfügung stellt, neue Bedürfnisse weckt, eine Vereinheitlichung der Geschmäcke bewirkt – und in ihren *Formen* einen neuen »Geist« verkörpert, von dem bis auf den heutigen Tag eine ungebrochene Anziehungskraft ausgeht.

Und nirgendwo so deutlich wie eben in den Städten zeigt sich schließlich auch die morphologische Gestalt der wesentlichen, »echten« Gruppen im Wirtschaftsleben: das Gesicht der *sozialen Klassen*. Überall formen sie den physischen Raum, hinterlassen ihre Spuren in ihm, verleihen ganzen Landstrichen ihren besonderen Charakter, in der Stadt aber finden sie ihre eigentliche Heimat, dort wird der Raum zum entscheidenden Trennmittel: gerade die räumliche Anordnung der städtischen Klassen, ihre Verteilung und ihre Bewegungsströme, das Gepräge der Viertel, Straßen und Plätze, dies alles zeugt von einer Verschiedenheit der Lebenshaltung und der Lebensweise, in der sich eine kollektive Psychologie der sozialen Klassen erfüllt. Denn auch hier geht es bei Halbwachs um nichts anderes: die materiellen Formen des Sozialen, mit Bedeutung beschwert, *weil* sie *kollektiven* Ursprungs sind, in ihrem Sinngehalt erkennbar, *weil* sie nur als kollektive Vorstellungen ins Bewußtsein treten, diese Formen zeigen eine sozialen Vereinheitlichung dieser Vorstellungen, der Neigungen und Bedürfnisse, von »Lebensweisen«, in deren Mitte uns die soziale Morphologie immer führt – es sind eben diese Formen, die am eindrücklichsten von den Triebkräften des sozialen Handelns erzählen. Von der Religion über die Politik zur Ökonomie reicht diese »morphologische Erzählung« bei Halbwachs, eine Geschichte der großen bildnerischen Kräfte des gesellschaftlichen Lebens und der Bilder, die sie in der dinglichen Welt hinterlassen haben, immer wieder aber kommt sie in der Gegenwart an, dort, wo sich die materiellen

Formen der Gesellschaft unvergleichlich verdichten, und eine ganz eigene, bis tief in die Selbstwahrnehmung des gesellschaftlichen Körpers dringende Macht entfalten: in der modernen Großstadt.

Morphologie der Großstadt – Das kollektive Bewußtsein im Zeichen der Moderne

Wenn das Werk von Maurice Halbwachs schon kurz nach der Jahrhundertwende seine ersten Umrisse erhält, sich eine epistemologische Überzeugung festigt, die nicht nur alle Gegenstandsbereiche zusammenhält, in die sein Denken vordringen wird, sondern sie als solche erst »schöpft«, dann gelten doch die ersten Arbeiten scheinbar ganz zeitgenössischen Erscheinungen: Halbwachs, früh geprägt im Umkreis des *socialisme normalien*, beschäftigt vor allem die »Klassenfrage«, in der modernen Großstadt, die sich damals, kaum weniger geräuschvoll, im Bewußtsein der Zeit bemerkbar macht, bekommt sie ein erkennbares Gesicht. Während aber ein Strang dieser Morphologie, einer »Morphologie des Elends« auch, bei Halbwachs dann bis zur *Classe ouvrière* führt, zu einer Klassentheorie, die sich im Begriff der »Lebensweise«, des »Lebensstils« verdichtet, ist spätestens seit *Les Expropriations et le prix des terrains à Paris* ein weiterer, eigener Gedankenkreis abgemessen, in dem Halbwachs auch morphologische Überlegungen zu Geschichte und Eigenart der modernen Großstadt zusammenzieht.[14] Schon dort hatte Halbwachs die Veränderungen des Bildes der Großstadt in der zweiten Hälfte des vergangenen Jahrhunderts im Wechselspiel von Bevölkerungszunahme, kommunaler Stadtplanung und Immobilienspekulation untersucht, einige Zeit später geht er noch weiter in die Vergangenheit zurück, verfolgt die Entwicklung der französischen Hauptstadt von den Anfängen des Absolutismus bis zum er-

---

14 Vorher bereits La ville capitaliste d'après Sombart, *Revue d'économie politique* 19, 1905, S. 737-747 und über die Folgen der Grundstückspolitik der Gemeinden *La Politique foncière des municipalités*, Paris 1908.

sten Kaiserreich.[15] Und auch in den dreißiger Jahren wendet sich Halbwachs immer wieder der Gestaltung des städtischen Raums, dem vielfältigen Erscheinungsbild der Großstadt zu, veröffentlicht Untersuchungen über Chicago, Berlin, Istanbul,[16] sucht dabei das Gespräch mit Historikern, Geographen, Ökonomen, weit über die Landesgrenzen hinaus.[17] Immer aber macht Halbwachs dabei deutlich: die »Morphologie der Großstadt«, all ihre Erscheinungen sind »Ausdruck« einer »kollektiven Psychologie«, die Verteilung und Abgrenzung der Stadtviertel, ihr ganzes »materielles« Gepräge, die sichtbaren »Formen« des Stadtbildes ein Zeichen der »Lebensweise«, der Neigungen und Bedürfnisse, der gewährten und versagten Möglichkeiten in einer Klassengesellschaft, die der modernen Großstadt ihre eigentümlichen Züge verleiht: Religion und Politik hatten die alten Städte geprägt wie sie von ihnen geprägt wurden, das moderne Leben aber trägt ihr Zeichen, das Zeichen des Ökonomischen, der Klassengesellschaft – und das Zeichen der Stadt selbst.

Daß dieses Erscheinungsbild als solches und als ganzes von einem grundstürzenden Wandel aller Lebensumstände zeugt, der Übergang von einer ländlichen zur städtischer »Kultur« die Arbeit, die Art des Wohnens, überhaupt des Zusammenlebens

---

15 Les Plans d'extension et d'aménagement de Paris avant le XIXe siècle, *La vie urbaine* 2, 1920, S. 5-28, im Jahr 1928 erscheint *Le Population et les tracés des voies à Paris depuis cent ans*, die ersten beiden, um einen neuen Abschnitt und ein Schlußwort erweiterten Kapitel aus *Les Expropriations et le prix de terrains à Paris.*

16 Chicago, expérience ethnique, *Annales d'histoire économique et sociale* 4, 1932, S. 11-49; »Gross-Berlin«: grande agglomération ou grande ville?, *Annales d'histoire économique et sociale* 6, 1934, S. 547-570; La population d'Istanbul depuis une siècle, *Annales sociologiques* 1942, Reihe E, Heft 3-4, S. 16-43.

17 In diesem Zusammenhang erwähnenswert ist sicher ein Aufenthalt in Chicago Anfang der dreißiger Jahre, wo Halbwachs auch mit Robert Park und Ernest Burgess zusammentrifft, den Schöpfern einer *urban sociology*, deren Verwandtschaft mit Durkheims »sozialer Morphologie« ausdrücklich betont wurde. Allerdings bleiben hier bei Halbwachs eher gemischte Gefühle zurück: die »Schule von Chicago«, ein Begriff, den Halbwachs dann in Frankreich einführt, entwirft bei aller Originalität ihrer Fragen doch wohl ein etwas zu pittoreskes Bild ihres Gegenstandes – die »soziale Morphologie«, wie sie Halbwachs versteht, hat mit dieser »Humanökologie« der Stadt letztlich wenig gemein, vgl. insgesamt, Jean-Christophe Marcel, Maurice Halbwachs à Chicago ou les ambiguïtés d'un rationalisme durkheimien, *Revue d'histoire des sciences humaines* 1, 1999, S. 47-68.

völlig verändert hat, die Gewohnheiten, Bedürfnisse und Erwartungen, die »Einstellungen« des modernen Menschen, auch daran läßt Halbwachs keinen Zweifel: jener fundamentale *morphologische* Wandel, die Entwicklung der Großstadt, schafft gleichzeitig den wohl bemerkenswertesten *zivilisatorischen* Tatbestand unserer Zeit. Wenn Halbwachs hier schon früh einen Begriff aufnimmt, den Vidal de la Blanche in einem allerdings eher geographisch gefärbten Sinne geprägt und dann auch Lucien Febvre etwas später verwendet hatte, von *genres de vie*, von »Lebensarten« oder »Lebensweisen« spricht,[18] einer Gesamtheit von Gebräuchen, Überzeugungen, einem »Wesen« der Menschen, geprägt von ihren alltäglichen Verrichtungen, aber auch von ihrem Zusammenleben, ihrer Siedlungsweise, dann wird nicht nur deutlich, wie radikal verschieden die alte ländliche und neue städtische Kultur dabei gedacht sind, sondern vor allem, welchen Umfang Halbwachs seiner sozialen Morphologie von Beginn an zumißt und in welche Tiefe er diese Tatbestände reichen sieht: die Morphologie der Großstadt ist greifbares »Zeichen« *und* eine wesentliche *Bedingung* der modernen Zivilisation. Wie eng Halbwachs dieses Bedingungsverhältnis faßt, *ohne* dabei jenem Hang zur *Verdinglichung* nachzugeben, der die Zeitgenossen im Angesicht des »Großstadtlebens« befiel, zeigt sich aber erst, als seine Morphologie der Großstadt im »kollektiven Bewußtsein« ankommt.

---

18 Vgl. Febvre, *La Terre et l'évolution humaine, introduction geographique à l'histoire*, Paris 1922. Die »géographie humaine«, wie sie vom Kreis der *Annales* um Febvre und Marc Bloch während dieser Zeit in Frankreich aus der Taufe gehoben wurde, befindet sich mit ihren Fragen nach der Verteilung und Dichte von Bevölkerungen, menschlichen Wanderungsbewegungen und Siedlungsweisen, schließlich ihrem besonderen Augenmerk für die institutionellen Formen des Landeigentums und den engen Zusammenhang der historischen Prägung von »Kulturlandschaft« und »Lebensweise«, die dann in eine sehr »bodenständige« Geschichte der »Mentalitäten« einmünden wird, sicher in großer Nähe zu einer »sozialen Morphologie«, wie sie Halbwachs entwirft, und dennoch bleiben gegenseitige Vorbehalte: es sind epistemologische Grundsatzfragen, nach dem Eigenrecht »historischer« Tatsachen, die Halbwachs immer von der »Sozialgeschichte« getrennt haben, vgl. Jean-Christophe Marcel, *Le durkheimianisme dans l'entre-deux-guerres*, Paris 2001, S. 200ff.

Denn die zeitgenössischen Bilder dieser Erscheinung, verdichtet in gleichwohl unscharfen Bildern von Masse, Bewegung und Geschwindigkeit, einer ganzen »Mechanik«, dem »Getriebe« der modernen Großstadt, sie alle verwischen entweder die Grenzen einer »Wissenschaft vom Menschen« – als ob diese gleichsam physikalischen Erscheinungen *tatsächlich* physischen Ursprungs wären, die Stadt nur eines der vielen Räderwerke des »technischen Zeitalters«. Oder sie suchen in der Großstadt nach einer Dialektik von »Form« und »Geist«, die mit ihren Zurechnungen oft sehr großzügig verfährt[19] – Versuche, jenes unbestimmten, verschwommenen Eindrucks habhaft zu werden, den das städtische Leben im kollektiven Bewußtsein hinterläßt. Halbwachs aber stellt zunächst klar: die materiellen Formen dieses städtischen Lebens sind, in ihrer ganzen Vielschichtigkeit echte »Schöpfungen« des sozialen Lebens verschiedenster Gruppen, Erscheinungen einer »kollektiven Psychologie«, das »Mechanische« an ihnen völlig *menschlich*. Und umgekehrt ist es gerade jenes *Gefühl*, das in der Großstadt entsteht, inmitten ihrer Anhäufung von Bauten und Ansammlung von Menschen, das Gefühl gleichzeitig einer Weite und Dichte dieser ganz eigenen Welt, jene Mischung von *Eindrücken* und *Vorstellungen* der gleichsam stofflichen und menschlichen Natur des städtischen »Getriebes«, wovon Halbwachs spricht: die materiellen Formen dieses sozialen Lebens, sie sind »stofflicher Ausdruck« einer kollektiven *Psychologie* der Großstadt ebenso, wie sie den »Eindruck« prägen, den das kollektive *Bewußtsein* von seinem »Körper« gewinnt –

19 Das gilt etwa für Georg Simmels Versuch über »Die Großstädte und das Geistesleben«, der eine weitgespannte Psychologie des großstädtischen »Nervenlebens« vor dem Hintergrund eines »kulturhistorisch« neuen Verhältnisses von »Subjektivität« und »Objektivität« abhandelt, und dabei im Anschluß an seine *Philosophie des Geldes* auf eine tatsächliche Autonomie der »Kulturobjekte besonderen Wert legt, oder aber für Walter Benjamins Untersuchungen über die »Hauptstadt des 19. Jahrhunderts« und ihr Bemühen, die »Signatur« der beginnenden Moderne, große geschichtsphilosophische Fragestellungen in der »Konkretheit« eines Stadtbildes »unmittelbar« zu begreifen, vgl. Simmel, *Aufsätze und Abhandlungen 1901-1908*, Bd. 1, Frankfurt 1995, S. 116-131, und Benjamin, *Das Passagen-Werk*, Frankfurt 1983, Bd. 1, S. 45-59. Obwohl hier gewisse Gemeinsamkeiten einer »Phänomenologie« der Großstadt zu erkennen sind, läßt Halbwachs doch *seine* »konkreten« Tatbestände, die Lebensweisen sozialer *Gruppen*, nie aus den Augen.

auch diese Tatbestände sind allesamt »seelischer« Natur. Denn gerade in der Großstadt erreicht auch das kollektive Leben eine besondere, unvergleichliche Intensität, werden die räumlichen Vorstellungen trotz alles Trennenden Grundlage gemeinsamer Empfindungen, und dies umso mehr, desto stärker die Menschen das Gefühl haben, die Stadt als solche überwinde alle Hindernisse, die der physische Raum selbst eben diesem kollektiven Leben entgegenstellt: die kollektive »Effervescenz«, von der Durkheim einst gesprochen hatte, der kollektive Überschwang, der sich in anderen sozialen Gruppen *periodisch* einstellt, wenn sich Menschen versammeln, diese Intensität der sozialen Gefühle wird in der Welt der Großstadt in gewisser Weise *kontinuierlich*, ein Grundzustand des kollektiven Lebens.

Und so liegt die Stadt nicht nur am Zusammenfluß all der kollektiven Strömungen, die sich ihrer bemächtigten, an denen sie schließlich aber selbst ihre Spuren hinterließ, am Zusammenfluß der Arbeit religiöser, politischer und ökonomischer Mächte an ihrer räumlichen Struktur und dem materiellen Rückhalt, den sie ihnen bot, sondern inmitten jenes Bereiches, in dem sich das »Universum der Formen«, die »kollektive Psychologie« und der gesellschaftliche »Körper« beispielhaft verschränken: die Fülle und Dichte ihrer materiellen Formen, die Größe und Bewegung dieses gesellschaftlichen Körpers weckt in den Vorstellungen der Menschen, bis in die tiefsten Schichten des kollektiven Bewußtseins, einen verschwommenen, unbestimmten, praktischen »Sinn«, ein gerade deshalb mächtiges »Gefühl« für den sozialen Raum, den sozialen Körper, das, hier wie überall, am Anfang des kollektiven Lebens steht. Die Ordnung, die der Mensch, die menschliche Arbeit im materiellen Raum, an der Welt der Dinge hinterläßt, sie ordnet selbst seine Gefühle und Gedanken, verleiht ihnen Dauer und Halt, eine faßbare, *sinnliche* und sinn*hafte* Gestalt – Maurice Halbwachs stößt mit seiner »sozialen Morphologie« bis an die Wurzeln des gesellschaftlichen Lebens vor, zu den Anfangsgründen einer jeden menschlichen Welterfahrung.

Die Ordnung des Denkens und die Ordnung der Dinge – Eine Dialektik gegenseitiger Aneignung

Wovon handelt die »soziale Morphologie«? Durkheims Entwurf zielte auf einen Gegenstandsbereich, der alle »materiellen Formen« des gesellschaftlichen Lebens einbegreifen sollte, alles, worin Gesellschaften physische Ausmaße, *dinglichen* Charakter besitzen, über Größe und Ausdehnung, Anzahl und Dichte verfügen, Lage und Bewegung erkennen lassen, materielle Eigenschaften, die meßbar, die zählbar sind »wie Dinge«, und es steht dieser Gedanke auch am Beginn der halbwachsschen Morphologie. Wo allerdings Durkheims Vorlage nur umrißhaft geblieben war, Frucht einer »rationalistischen Intuition«, die später dann in die *Elementaren Formen des religiösen Lebens* einfließen wird, ohne aber die epistemologische Stellung dieser Gattung von sozialen Tatbeständen näher zu erläutern, zieht Halbwachs nicht nur diese ersten Umrisse mit kräftigen Strichen nach, sondern entfaltet diesen Entwurf in seiner ganzen gedanklichen Tragweite und wird so zum eigentlichen Begründer der »sozialen Morphologie«.[20] Den durchaus vieldeutigen Begriff, der bei Durkheim auf die Gestalt, die materiellen »Strukturen« des gesellschaftlichen Lebens zielte, Gegenstück einer »sozialen Physiologie«, die den inneren Abläufen, den »Funktionen« des gesellschaftlichen Lebens gewidmet war, legt Halbwachs sorgfältig auseinander, und aus der unbestimmten Metaphorik, in die man damals den »sozialen Körper, die »sozialen Formen« kleidete, schälen sich nun scharfe, eindeutige Umrisse.

Denn auf der einen Seite macht Halbwachs erneut, und mit Durkheim, die radikale *Heterogenität* bewußt, die unüberwindliche Grenze zwischen den Gegenständen einer jeden naturwissenschaftlichen »Gestaltkunde« und dem, was nur in eine »Wissenschaft vom Menschen« gehören kann, ruft in Erinnerung, daß sich die »Gestalt« des menschlichen, eines von

20 In diesem Sinne auch Stéphane Jonas, *Maurice Halbwachs ou le premier âge de la morphologie sociale*, in Christian de Montlibert, S. 21-29.

Beginn an *kollektiven* Lebens, nur *aus ihm selbst* ergibt – und daß dies kollektive Leben in keinen anderen als »Gesetzen« des *Sinns*, der *Bedeutung* sich erfüllt. »Soziale Morphologie«, sie meint bei Halbwachs jene *materiellen* Formen – Lage, Ausdehnung, Größe, Dichte, Bewegung – des gesellschaftlichen Lebens, die *als solche* weder *tatsächlich* entstehen oder Bestand haben, noch den *Gegen*stand einer derartigen Wissenschaft bezeichnen könnten, wenn sie nicht auf Ursachen verweisen, ihnen »Ausdruck« geben würden, die nun eben *nichts* »Materielles« an sich haben, sondern einer ganz anderen Wirklichkeit »Gestalt« verleihen, einer Wirklichkeit der Gedanken, der Gefühle, der »Seele«: die *physischen*, biologischen, demographischen, geographischen *Erscheinungen* des gesellschaftlichen Lebens, sie sind alle aus einem »Stoff«, dem der »kollektiven Psychologie«.

Auf der anderen Seite zieht Halbwachs vor dem Hintergrund dieser fundamentalen epistemologischen Unterscheidung auch den gedanklichen Ring um diese Phänomene sehr viel enger zusammen, und er schiebt dabei umgekehrt die vermeintlich genauen Begriffe des sozialen Denkens bewußt ineinander: Form, Struktur, Funktion, sie »sind« *praktisch* eins, mehr oder weniger konkrete Verdichtungen der kollektiven Arbeit des Menschen an der Welt – und der Vorstellungen, die er von ihnen gewinnt, der Gefühle, die sie in ihm wecken. Halbwachs hat hier die begrifflichen Unschärfen angedeutet, mit denen die frühe Soziologie, auf der Suche nach einer möglichst »abstrakten« Grundlage des Fachs, ihrem Gegenstand beizukommen versuchte. Wenn sich »soziale Formen« von der Erbmonarchie bis zur Kirche, vom Parlament über das Handelsunternehmen bis zum »Büro« erstrecken, dann ist damit nur eines gesagt: daß tatsächlich jede dieser »Institutionen« eine dem Gemeinschaftsleben eingeprägte »Form« besitzt – und sich alles fest Umrissene und Dauerhafte in jeder Gesellschaft vom Unbestimmten und Veränderlichen unterscheidet. Jenseits dieser wenig aussagekräftigen Selbstverständlichkeit aber fragt Halbwachs nach einem sehr viel grundlegenderen Zusammenhang: was entscheidet letztlich darüber, daß wir innerhalb der Vielgestaltigkeit des gesellschaftlichen Leben etwas als *Form* bezeichnen können? Wenn wir die »materiellen Formen« von Gesellschaften nicht mit ihren »Institutionen« vermischen sollten, dann deshalb, weil uns solch institutionelle Bezeichnungen kein hinreichend scharfes Bild darüber vermitteln können, in welcher Weise menschliche Gruppen und ihre Ordnungsgefüge *tatsächlich* verfaßt sind. Wir haben mit den solchen Begriffen nur ein höchst abstraktes Bild vor uns, solange nicht Raum und Zeit, der gleichzeitig materielle Rahmen und gleichsam ideelle Strom dessen erscheint, wodurch sich menschliche *Gruppen* ihrer gewahr werden, ihren Bestand sichern. Und solange *davon* die Rede ist, von jenem überall mit »Stofflichem« beschwerten Leben, das sich beschreiben und nachzeichnen, das sich messen, wägen und zählen läßt, dessen Ausrichtung und Veränderung, Vergrößerung und Verkleinerung man erkennen kann, gehört die »Wissenschaft vom Menschen« in die »soziale Morphologie«. Halbwachs erkennt weder ein Universum gesellschaftlicher Formen, das nicht *gesellschaftlich* geschöpft wäre, noch »Gestalten«, deren »Sinn« sich erst dem »allegorischen« Denken erschlösse. Wenn diese Erscheinungen nie ohne gesellschaftlichen Bezug sind, sondern die Sitten und Bräuche, die Vorstellungen und Gefühle, die ganze »Seele« einer Gesellschaft offenbaren, dann ist hier weder ein Verhältnis von Innenleben und »Oberfläche« gemeint, noch umgekehrt eine Art »Trennung« oder aber »Durchmischung« von »Inhalt« und »Form«: die »Oberfläche« gehört zum *Innern* der Gesellschaft selbst, und die »Form« hat keinen »Sinn«, ist nicht vorhanden ohne die *Vorstellungen*, die sich auf sie richten – Halbwachs hat mit seiner *praktischen* Zusammenführung eines solchen Gegenstandsbereichs und der scharfen *epistemologischen* Abgrenzung seiner Gegenstände die Grundlagen für eine Wissenschaft gelegt, die auch im »Universum der Formen« ihr Recht geltend machen konnte.

Zunächst bringt hier also der »Schüler« Maurice Halbwachs den entscheidenden epistemologischen Ansatz Durkheims in Erinnerung: seine »Soziologie« hieß ausschließlich »kollektive Psychologie«, eine Wissenschaft, die soziale Tatsachen allein als *psychische* Tatsachen begreift, und nun ihren Geltungsbereich bis dorthin ausdehnt, wo diese im *Materiellen* ihre Spuren hinterlassen, sich der Gegenstandswelt bemächtigen, ein in Raum und Zeit sichtbares, stoffliches Dasein gewinnen.[21] Dann aber entfaltet er im Verlaufe seines gesamten Schaffens die überreichen gedanklichen Beziehungen zwischen »kollektiver Psychologie« und »sozialer Morphologie«, forscht nach den kulturschöpfenden und geschichtsmächtigen Kräften, dem Glauben, den Herrschaftsordnungen, den Wirtschaftsweisen, der lebensgestaltenden Kraft von Kirche, Staat, Stadt und Fabrik, die im materiellen Leben, in den Steinen und Körpern, im geteilten Raum, in der gemeinsamen Zeit tief verankert sind, weil sie die *Vorstellungen* und *Gefühle* der Menschen auf sich ziehen: von der *Classe ouvrière* und ihrem »Bewußtsein« als einer Gesamtheit von *Repräsentationen* auch über ihren materiellen »Platz« in der Gesellschaft, der von den Zeichen der »Lebensführung« geprägt, im Alltagsleben erkennbar wird, über die *Cadres sociaux de la mèmoire*,[22] in denen sich die Zeichen der kollektiven Aneignung des Raumes, die Macht kollektiv angeeigneter Zeit ins Gedächtnis setzen, bis zu seiner *Morphologie sociale* versucht Halbwachs, diese untrennbare Verschwisterung der »kollektiven Psychologie« mit ihren Schöpfungen zu verdeutlichen.

Die Ordnung des Denkens und die Ordnung der Dinge: wenn der bis heute unerhörte epistemologische Entwurf einer Entsprechung »sozialer« und »mentaler« Strukturen am Grunde der durkheimschen Soziologie liegt, dann bricht Halbwachs diese »sozialen Strukturen« auf, um ihre »materielle« und »spirituelle« Seite *praktisch*, im Rahmen der Gesamtheit kollektiver Lebensäußerungen, erneut zusammenzufügen – soziale Gruppen, jene Gesamtheiten, von denen selbst nur die Rede sein kann, wenn hinter ihnen gemeinsame »Lebensweisen« ste-

---

21 Insofern liegt hier auch keine »radikale Veränderung der durkheimschen Sicht« der Dinge vor, die sich gegen den »Positivismus« des Schulgründers richten müßte, vgl. aber Jonas, S. 22, sondern eine erhebliche und gerade deshalb beeindruckende *Erweiterung* des ursprünglichen Entwurfs.

22 *Les Cadres sociaux de la mémoire*, Paris 1925.

hen, die einzigen Realitäten einer »kollektiven Psychologie«, sie besitzen eine *materielle* Realität, die sich sehen, spüren, messen läßt, eine Struktur, in denen sie sich »verkörpern«, vermählen sich mit »Formen«, die zu den »ersten« Erfahrungen des Menschen gehören.[23] Dieser Zusammenschluß einer sozial *geschöpften* Ordnung der Dinge und ihrer sozialen *Repräsentationen* verläuft allerdings »unter« jener Begrifflichkeit, die zwischen »Substrat« und »Struktur«, »Form« und »Funktion«, zwischen den gleichsam »parabolischen« und »symbolischen« Vorstellungen trennen will: das materielle »Substrat« einer Gesellschaft ist immer *sinnhafte* »Substanz«, so lange sich die Wahrnehmung der Menschen auf sie erstreckt, und seine »Formen« *strukturieren* diese Wahrnehmung im dem Maße, wie sie von ihr selbst, von einer »kollektiven Psychologie« strukturiert *werden* – »Form« und »Inhalt« fließen praktisch zusammen, und es ist ein an solchen »Formen« ausgebildeter, mit ihnen wachsender »praktischer Sinn«, der sie als soziale Gebilde erkennbar, erlebbar macht.[24] Diese tiefgründige Fassung einer »Gegenseitigkeit« der Aneignung von materieller und sozialer Welt, für die Halbwachs immer wieder eine bildreiche, eindringliche Sprache entwickelt, läßt nie einen Zweifel daran, daß wir es bei all diesen Erscheinungen mit »seelischen« Tatbeständen zu tun haben: wären die materiellen »Formen« irgend etwas anderes als oft kaum »erklärbare«, doch der sozialen *Intuition* deshalb zugängliche, *sinnhafte* Eindrücke auf das kollektive Bewußtsein, *weil* sie ihm selbst, allen seinen Leistungen ausnahmslos entspringen, dann ginge ihr ganzer »Charakter« verloren, eine *soziale* Form, die *als solche* nur in den sozialen

---

23 Daß hinter dieser Neufassung der durkheimschen Morphologie eine echte »Radikalisierung« der *eigentlichen* Absicht steht, wird hier ganz offensichtlich. Halbwachs sucht das Gespräch mit den Nachbarwissenschaften, und ihre je besonderen Fragestellungen schulen sicher auch den Blick für das Wesentliche. Wenn man aber seine Zusammenarbeit mit Lucien Febvre und Marc Bloch verfolgt, für deren *Annales* Halbwachs seit Ende der zwanziger Jahre eine schier unübersehbare Zahl von Besprechungen veröffentlicht, ist doch hinter einer »Politik der wissenschaftlichen Pluridisziplinarität«, die sich vom angeblichen »Hegemoniestreben« der frühen Schule scheinbar so deutlich absetzt, eine epistemologische *Verschärfung* des durkheimschen Paradigmas zu erkennen – die Antworten der »neuen Geschichte« fallen dementsprechend zwiespältig aus, vgl. *Marcel, Le durkheimianisme*, S. 147ff.

»Anschauungsformen« ihren Sinn erhält – zurück bliebe jenes Stein und Erz, das, im Reich des Stofflichen zu Hause, anderen Wissenschaften als der »vom Menschen« ihre Fragen stellt.[25] Denn in ihr ist alles »kollektive Psychologie«, und die materiellen Formen einer Gesellschaft, die »soziale Morphologie« für Halbwachs nur deshalb von Belang, weil sie uns von der »inneren« Verfassung, den Vorstellungen, den Neigungen und Bedürfnissen, der »Lebensweise« von Menschen erzählt, deren Aneignung der materiellen Welt sie nun als *soziale* Welt zur »ersten« Erfahrung menschlicher Anschauung macht.

Und es ist nun die einzigartige Vertiefung dieses Zusammenhangs, aus der nicht nur seine »soziale Morphologie«, son-

---

24 Wenn man allerdings diese »praxeologische« Anlage des Verhältnisses von »Formen« und »Repräsentationen« nicht sieht, kommt es in der Tat zu solch »epistemologischen Problemen«, die Stéphane Jonas bemängelt hat: etwa daß bei Durkheim eine klare Unterscheidung zwischen den Konfigurationen des materiellen Substrats einer Gesellschaft und ihren »Strukturen« fehle, eine methodologische Lücke, die auch Marcel Mauss nicht habe schließen können, vgl. Jonas, S. 23f. Nun hat die Rede von einem materiellen »Sockel« der Gesellschaft, über dem sich dann ihre »Strukturen« erheben, durchaus etwas Gezwungenes: bei Halbwachs gehört das, was nicht im materiellen »Substrat« gegenwärtig ist, ebenso in die »kollektive Psychologie« wie dies von ihr geprägte »Substrat« selbst, und der Strukturbegriff kann hier nie mehr als ein Hilfsmittel zur Veranschaulichung *praktischer Diskontiunitäten* im gesellschaftlichen Leben sein, er hat keine »epistemologische« Bedeutung – auch in diesem Fall ganz »positivistisch« in seiner Vermeidung *begrifflicher* Reifikationen, völlig »unpositivistisch« aber mit diesem *epistemologischen* Zuschnitt des Gegenstandes, verwendet Halbwachs »Formen« und »Strukturen« unbekümmert für die Bezeichnung derselben Tatbestände. Ein ähnliches »Problem« hat auch Gérard Namer mit der »sozialen Morphologie«: Halbwachs zögere, eindeutig zwischen den Bestimmungsgründen des »kollektiven Bewußtseins«, dem Universum der Formen und den »symbolischen Repräsentationen« sozialer Gruppen zu unterscheiden, vgl. insgesamt Namer, *Mémoire et société*, Paris 1987. Nur geht es Halbwachs wieder und *gerade* um das Universum der Formen als »Ausdruck« kollektiver Lebensvollzüge, des kollektiven Bewußtseins, und den *Eindruck*, den sie im kollektiven Bewußtsein hinterlassen, um das tiefe *Verhältnis* einer *homogenen* Gattung von Tatbeständen, in die auch die »symbolischen« Vorstellungen gehören: selbst wenn gerade an ihren materiellen Formen eine intensive kollektive Arbeit verrichtet wird, die das »kollektive Gedächtnis« auch als solche wiedererkennt, gehören sie deshalb noch keiner anderen »Gattung« von Eindrücken an. Das, was Halbwachs mit seiner tiefen Verschränkung der raumzeitlichen Formen einer Gesellschaft, ihres ganzen Körpers, und den »Bewußtseinsinhalten« der Gruppe meint, geht in eine völlig andere Richtung: daß je *unbewußter*, »unmittelbarer« sich die materiellen Formen des sozialen Lebens ins kollektive Bewußtsein schieben, desto *nachhaltiger* ihre Wirkung auf die Erfahrung des Menschen ausfällt – eine Rezeption, in der das »kollektive Gedächtnis« auf dem Boden eines Behälters von »Erinnerungsorten« festgetreten wird, legt darüber keine Rechenschaft ab.

dern das ganze Werk ihre Kraft schöpfen: Halbwachs, der sicher auch unter dem Eindruck seines frühen Lehrers Henri Bergson ein außerordentliches Gespür für die kaum bewußten, »lebendigen« Unterströmungen des menschlichen Geistes entwickelt, ein Gespür, das die trockene, »rationalistische« Philosophie Durkheims nicht immer aufbringen konnte, versetzt das kollektive Wahrnehmen, Denken und Handeln in die *konkrete*, sinnliche Welt zurück, in einen gemeinsam erfahrenen Raum, eine gemeinsam geteilte Zeit, und er gibt der »Gesellschaft«, ihren Gruppen, jenen »Körper« zurück, in dem sie sich zuerst erfahren. Von seiner »Morphologie im engen Sinn«, den Ausprägungen eben des sozialen »Körpers«, seiner Größe, seinen Gliederungen, seiner Lage und Bewegung, worüber die Gruppe ein dunkles, verschwommenes, aber desto eindringlicheres Bewußtsein gewinnt, stark genug, um diesen Körper über ein ebenso verschwommen bewußtes, aber treffsicheres Verhalten, die »Lebensweise« ihrer Mitglieder zu »führen«, bis

25 Vor diesem Hintergrund ist auch die Behauptung schwer nachvollziehbar, Halbwachs bestehe auf der Tatsache, daß die materiellen Formen einer Gesellschaft von der *conscience collective* unabhängig seien, habe damit eine materialistische Konzeption geliefert, in der das Prinzip einer Autonomie und Äußerlichkeit des Gegenstandes gegenüber dem Denken anerkannt werde, vgl. Jonas, S. 26. Wer Halbwachs hier wenigstens mit einem Mindestmaß an Aufmerksamkeit liest, entdeckt aber das genaue Gegenteil: ihr »Eigenleben« entfalten morphologische Tatbestände nur deshalb, weil *aufgrund* ihrer Bedeutung für den Zusammenhalt und das Selbstverständnis sozialer *Gruppen* eine kollektive Arbeit an ihnen verrichtet wird – ohne die kollektiven Vorstellungen, die sie, *nicht als solche*, sondern als Ergebnis dieser kollektiven Arbeit, auf sich ziehen, sind sie »tot«, kaum mehr als merkwürdige Überreste einer fremden Welt. In diesem Sinne hat die soziale Morphologie bei Halbwachs auch wenig Gemeinsamkeiten mit einem Verständnis sozialer »Formen«, deren *praktischer* Gehalt einer recht willkürlichen Phänomenologie weicht, die nicht nur, trotz aller erkenntnistheoretischen Reflexivität im Hinblick auf einen soziologischen Formbegriff, *überall* »soziale Formen« erkennen will, sondern auch ihr »von allen Wurzeln an Inhalten« befreites »Eigenleben« immer wieder in den Vordergrund rückt. Simmels Formenlehre ist eines der Beispiele dafür, wie eine philosophische Hermeneutik auf der einen Seite »Formen« zu erkennen glaubt, wo es sich um – unbestritten – »psychologische« Sachverhalte handelt, und sie auf der anderen Seite als soziale Artefakte beschreibt, die sich als »autonome Realität« erneut einer »kollektiven Psychologie« entwinden: daß die »Herrschaft der Kulturobjekte« *ohne* eine Gesamtheit der auf sie gerichteten *Vorstellungen* auch nur auf die geringste »Folgebereitschaft« zählen könne, dieser Gedanke gehört zu den zählebigsten »kulturkritischen« Phantasmen gerade der deutschen Sozialphilosophie, für deren »Erkenntnisse« Halbwachs ganz offensichtlich jede Gestimmtheit fehlte.

zu seiner Morphologie »im weiten Sinn«, den »eigentlich« materiellen, den stofflichen Formen, die sie in Raum und Zeit hinterläßt, spannt Halbwachs den Bogen dieser »anfänglichen« Eindrücke des kollektiven Lebens: sie sind »unmittelbare Gegebenheiten des sozialen Bewußtseins«, bilden eine ganze Ordnung »erster«, ursprünglichster Wahrnehmungen des Menschen. Diese Einschreibungen der Gruppe in Zeit und Raum, konkreter »Beweis« ihrer Existenz, durchwirken alle anderen Erfahrungen, sie legen den Grund für gemeinsame Empfindungen, ein Gefühl der Zugehörigkeit des Einzelnen zur Gruppe selbst, sind Ursprungsprinzip ihrer Stabilität: eben diese privilegierte Beziehung zwischen materiellen Formen und kollektiven Repräsentationen ist Gegenstand der »sozialen Morphologie«, und sie gehört zur »Propädeutik« einer jeden »kollektiven Psychologie« – der soziale Raum ist untrennbar jener materielle Raum, in dem sich religiöse, politische, ökonomische Gruppen »einrichten«, sich die Klassen und ihr »Körper« bewegen, eine Gesamtheit materiellen Ordnungen, die im Bewußtsein ihrer Mitglieder nur undeutlich aufscheint, aber deshalb um nichts weniger, sondern eine desto tiefere Wirklichkeit vermittelt.

Diese gegenseitige Aneignung des Denkens und der Dinge, die Eindrücke und Bilder, welche dem Menschen aus einer Gegenstandswelt zufließen, deren Gestalt immer Ergebnis einer kollektiven Arbeit war, sie ist die Quelle und der Halt des kollektiven psychischen Lebens, der kollektiven Vorstellungen, des kollektiven Gedächtnisses.[26] Maurice Halbwachs hat diese Tiefenschichten des menschlichen Weltverhältnisses überall freigelegt: in der bäuerlichen Kultur und in der modernen Großstadt, dort die enge Verflechtung der ländlichen Gruppen mit dem von ihnen bevölkerten Raum, den Zusammenhang

26 Das macht die »soziale Morphologie« bei Halbwachs nun noch nicht zu einem »Dreh- und Angelpunkt« des Werks, vgl. Jean-Christophe Marcel und Laurent Mucchielli, Un fondement du lien social: La mémoire collective selon Maurice Halbwachs, *Technologies. Idéologies. Pratiques. Revue d'anthropologie des connaissances* 13, 1999, S. 63-88, sondern zu einem allerdings entscheidenden Gedankenkreis, den Halbwachs immer stärker in Fragestellungen einfließen läßt, die doch alle den *praktischen Erscheinungen* einer »kollektiven Psychologie« gelten.

von Familie und Haus, Arbeit und Scholle, eine besondere »Lebensweise«, die sich im Materiellen einrichtet, der Gruppe Ordnung, Festigkeit und Dauer verleiht, hier die Verteilung der städtischen Klassen, ihre Stadtviertel, die Eigenart ihrer Ausdehnung und Gliederung, der Häufung, Verstreuung ihrer Bewohner, die Wirkungen dieser räumlichen Struktur auf das Entstehen und den Wandel kollektiver Bedürfnisse und Neigungen – Halbwachs hat diese ganze »Lebenswelt« auf höchst anschauliche Weise vorgeführt. Und nicht zuletzt in seinen Arbeiten zum »kollektiven Gedächtnis« tritt diese soziale Morphologie als Wegweiser einer »kollektiven Psychologie« eindrucksvoll hervor: schon die *Cadres sociaux de la mémoire* öffnen den Blick auf die materiellen Formen des Gruppenlebens, die *Topographie légendaire* verfolgt die Spuren des religiösen Empfindens im sozialen Raum in Erinnerung, und die *Mémoire collective* schließlich gipfelt im Entwurf einer kollektiven Psychologie der »Anschauungsformen« – es entsteht im Bewußtsein sozialer Gruppen eine klare Vorstellung ihrer selbst dort, wo sie sich Raum und Zeit aneignen, das Leben der Menschen in eine diesseitige, materielle Ordnung einfügen, eine räumliche und zeitliche Struktur geben, die Gruppe entwickelt ein Bewußtsein von ihrem »Körper«, vom Raum, den sie innehat, von der Zeit, die ihr »gehört«, und es sind diese unbestimmten, aber mächtigen »Bilder« Ergebnis einer kollektiven Aneignung der Gegenstandswelt, in deren stofflicher Gestalt sie sich wiedererkennt. Die »soziale Morphologie« spürt den materiellen Hinterlassenschaften einer kollektiven Psychologie nach, die vom menschlichen Denken und Fühlen erneut Besitz ergreifen, die in den tiefsten und beständigsten »Anschauungen« des kollektiven Lebens beheimatet sind – Halbwachs erschließt hier der »Wissenschaft vom Menschen« nicht einen neuen Gegenstandsbereich, sondern legt einen wesentlichen Zug *aller* ihrer Gegenstände frei.

Ein Bild des Menschen – Maurice Halbwachs und das Vermächtnis der »sozialen Morphologie«

Maurice Halbwachs hat in einer Zeit, da man längst nicht mehr von der Einheit einer »Wissenschaft vom Menschen« sprach, immer wieder an ihre gemeinsamen Grundlagen erinnert: als seine »soziale Morphologie« erscheint, Ergebnis einer über drei Jahrzehnte verlaufenden gedanklichen Entwicklung, haben die Fächer, in deren Umkreis dieser Entwurf doch zweifellos einzuordnen war, schon ihre ganz eigene Geschichte hinter sich, Halbwachs aber, der diese Geschichte aufmerksam verfolgt, hält zwar durchaus gesprächsfreudig, aber nicht weniger beharrlich an der inneren Einheit jener Tatbestände fest, welche die »soziale Morphologie« bezeichnete – Tatbestände einer »kollektiven Psychologie«, Tatbestände ganz und gar *sozialer* Natur. Und wenn Halbwachs einer *solchen* Wissenschaft nun diesen »Gegenstandsbereich« öffnet, der mit den »materiellen Formen« des gesellschaftlichen Lebens all jene Erscheinungen einbezieht, deren *physische* Eigenart gleichwohl von der kollektiven Arbeit des Menschen an der Welt zeugt, dann schließt er auf beeindruckende Weise einen Gedankenkreis, in dem die epistemologische Einheit aller Tatbestände des menschlichen, eines kollektiven Lebens sichtbar wird: seine »materiellen Formen« als Prägezeichen, »Bilder« eben jener kollektiven Arbeit des Menschen an der dinglichen, der physischen Welt, die materielle Ordnung in Raum und Zeit, die sie hinterläßt, sie sind nicht nur »Ausdruck« einer kollektiven Psychologie, der Wahrnehmungen, Vorstellungen, Haltungen und Neigungen gesellschaftlicher Gruppen, Ausdruck ihres »Weltverhältnisses«, ihrer »Lebensweise«, sondern prägen *ihrerseits* den »praktischen Sinn« dieses Weltverhältnisses, stehen am Anfang aller *sinnlichen* Erfahrung des gesellschaftlichen Lebens, und können dies nur in den *Vorstellungen* der Menschen, weil sie, der menschlichen Tätigkeit an dieser sinnlichen Welt entsprungen, als sinn*hafte* Formen in unsere Erfahrung dringen, ihr Ordnung und Halt geben – dieses »Universum der Formen« gehört ganz ins Reich des Sozialen, über das die »Wissenschaft vom Menschen« allein und allein sie Rechenschaft ablegen kann.

Aber Halbwachs löst mit seiner »sozialen Morphologie« nicht nur eines der großen Versprechen jener »Wissenschaft vom Menschen« ein, zu der die *école sociologique* aufgebrochen war, verleiht nicht nur ihren frühen Umrissen gedankliche Tiefe, sondern er tritt ihr Erbe an, um es mit Leben zu erfüllen. Das unablässige Gespräch über die Grenzen all der Fächern hinweg, in die sie zerfiel, ohne je eine echte Einheit besessen zu haben, die streitbare, oft fruchtbare Auseinandersetzung, sie ist Zeugnis dieses lebendigen Einheitswillens. Halbwachs leistet aber vor allem eines: er gibt dieser unerfüllten Wissenschaft ein Bild von sich selbst, taucht ihre manchmal so abstrakten Umrisse in kräftige Farben, führt sie mitten in ein konkretes, mannigfaltiges, reiches Leben, liefert uns eine praktische Anschauung, weckt ein tiefes Verständnis für jene gemeinsamen Lebensvollzüge, um das sein Denken sich immer leidenschaftlich bemühte. Mit seiner »sozialen Morphologie« entfaltet und bereichert er eben dieses Erbe, das immer der Zukunft einer unteilbaren Wissenschaft aller menschlichen Lebensvollzüge galt.

Nachweise

Was heißt soziale Morphologie?
Avant-Propos und Introduction in Halbwachs, *Morphologie sociale*, Paris, Armand Colin 1938, Neuauflage 1970, S. 1–2 und 3–13.

Religiöse Morphologie
La morphologie religieuse, in Halbwachs, *Morphologie sociale*, S. 17–26.

Politische Morphologie
La morphologie politique, in Halbwachs, *Morphologie sociale*, S. 27–37.

Ökonomische Morphologie
La morphologie économique, in Halbwachs, *Morphologie sociale*, S. 39–52.
Gekürzte Fassung.

Morphologie der Großstadt
La densité de la population. Les grandes villes, in Halbwachs, *Morphologie sociale*, S. 69–82. Gekürzte Fassung.

Über die materiellen Formen des sozialen Lebens
Conclusion, in Halbwachs, *Morphologie sociale*, S. 165–185.